十四歳の夏

芳子的十四歲夏天

——我與神風特攻隊在台灣的日子

中田芳子 著
陳怡如 譯

〈專文推薦〉

十四歲的夏天

一般財團法人台灣協會理事　岡部千枝

她是個聯絡只用智慧型手機或是iPad，能夠隨心所欲使用SNS以及電子郵件，活躍中的YouTuber。而且她能將流行歌曲顛倒過來，還能唱得漂亮，是個在豪華舞台上享盡喝采聲的超級奶奶。在我心中，中田芳子女士給我的印象，一直以來都是如此。

我會跟中田女士認識，是因為她跟我的祖父同樣都是台北建成尋常小學（現台北當代藝術館及建成國中）的同學。從那之後，我們在同學會的營運上，以及台灣訪問母校的聯合同學會上，總是能夠一起共事。

中田女士並不只有在舞台上開朗活潑，為眾人帶來歡樂的一面。有的時候，我總會從中田女士身上，看到她冷靜，彷彿在內省自身一般，深思熟慮的一面。她的人際處事感覺非常現代，明明是人生的大前輩，卻往往讓人用著同輩的感覺跟她說話。不過她人生所背負的重量，與一般人完全不同，這是在這本書中才會提到的部分。

中田女士在她出生的故鄉台灣，因為微不足道的契機，開始了一天天與特攻隊員無可替代的交流。書中詳細地寫到，這些交流讓中田女士的人生有了極大的影響，如同通奏低音（Basso continuo），伴隨著戰爭絕不能再度發生的強烈思念，衝擊著讀者的心境。從台灣遣返回日本、生活全部化為烏有、開始邁向新生活，到與前特攻隊員的邂逅以及結婚。這些都是由中田女士自敘，充滿動盪的人生。

無論如何，中田女士真不愧是台北第一高等女學校（現台北市立第一女子高級中學）出身的才女，她豐富的描寫能力真是令人敬佩。像是她與特攻隊員高田偷偷跑去電影院，被憲兵抓到時的窘境，再從這樣的場景華麗脫身的劇情，簡直就是電影中精采絕倫的一幕。台北美麗的夕陽、大街上的喧囂，這些場景都在中田女士的筆下（即使這樣說，這還是她用電腦打的）。即使是戰前的風景及事件，都沒有褪色的黑白照片感，而是透過十四歲少女「小芳」眼中映出的天然原色，傳達給讀者們。

這次本書有機會翻譯為中文，在台灣出版。我想，這是一個能夠將高田以及塚田為始的特攻隊員們，還有將特攻隊以及戰爭經驗口述流傳下去，那些口述歷史的人們心中所念，再度傳遞給下一個世代的機會吧。

本書能夠透過陳怡如小姐，這位對於日治台灣史有著深厚理解，洞察力優越的年輕研究者進行翻譯，將本書介紹給台灣的讀者，我認為這有著相當重要的意義。作為陳小姐的朋友，我感到與有榮焉。

這本書充滿了作者中田女士真心想訴說的，對和平的祈願，以及對於許多年紀輕輕卻無謂赴死的那些年輕人的思念。我希望這樣的一本書，能夠在台灣廣為流傳，這些故事能夠永遠地傳達出去。

〈專文推薦〉

滿溢著戰時下青春的一冊

每日新聞前台北支局長　鈴木玲子

在台北市出生的中田（婚前舊姓：德丸）芳子女士，在二〇二四年一月上旬，跟兒子中田曉先生一起回到了懷念的故鄉，台灣。

二〇一八年十二月，我在每日新聞的企劃專欄「灣生——在終戰前生於台灣，長於台灣的日本人」中，曾經將中田女士的台灣生活經驗，分成六次連載在專欄上。也是這時候與中田女士結的緣，這次我才能夠陪伴中田女士一起「返鄉」。

在台北市內，中田女士曾經與家人住過的「老家」，目前仍留存在中山北路上。這是中田女士的父親，德丸清先生於一九三八年所蓋的住家兼理髮店「德丸理髮館」，是一間針對地震而設計的鋼筋水泥三層建築。在水泥柱中包著粗大的鋼筋，聽說這是德丸先生引以為傲的設計。當時這個地點是一間烏龍麵店。中田女士抬頭望著這間老家，很高興地說著：「沒想到當年的建築物能夠維持當時的面貌留存下來，這都是因為蓋得很堅固的關係吧。」

到了烏龍麵店，店長笑著歡迎我們。其實我五年前也拜訪過這間店，跟店長互相認識。中田女士坐在中山北路那一側的角落座位上，很懷念地說著往事：「這裡還是理髮店的時候，在我坐的這個角落還有在賣公車票喔。」中田女士的父親德丸清很喜歡棒球，他會開收音機聽著高中棒球的現場轉播，再跑到店外寫上比數。

「我父親在台灣非常辛苦地工作了三十年，拚了命存錢，總算是蓋了這個家。但是我們卻只在這個家住了七年。」中田女士輕輕地說著。一九四五年八月，日本戰敗。在那之後，日本人被下令遣返，德丸清不得不放棄辛苦一輩子才蓋起來的家。日本戰敗時，中田女士十四歲，是台北第一高等女學校（一高女）二年級的學生。德丸一家在隔年，也就是一九四六年二月底離開了這個家，從基隆搭船遣返。說是遣返回日本，但對生於台灣的中田女士來說，這是她第一次見到日本本土。

中田女士在這次返鄉途中，也造訪了相當於繼承一高女地位的著名女子高中「台北市立第一女子高級中學」（北一女）。該校於二〇二三年迎來了創校一百二十周年。在校內的一角，留有一高女時代的校訓碑。「正、強、淑」，中田女士念著石碑上刻的校訓，苦笑著說：「我想我應該有做到『正、強』，但是『淑』應該還需要多多加強吧。」

我們還繞了許多中田女士的回憶之地。國立台灣大學醫學院附設醫院也是其一。這裡原先是台北帝國大學醫學部附屬醫院，中田女士小時候體弱多病，她的母親菊代擔心她，才把她帶來這裡。中田女士很懷念地摸著醫院入口處的柱子，回顧著來醫院看病的日子。「那時候為了注射鈣質，我很常來這裡。我們家小孩子很多，我想家中那段時間經濟上也很困苦，但是為了我還是常常把我帶來看病。我真的很感謝我的父母。」

到了戰爭末期，中田女士跟特攻隊員有了許多交流。伴隨著日軍的戰況惡化，日軍開始了讓戰鬥機綁上炸彈，直接衝撞美軍艦船的「特攻」作戰。一九四五年春天，在美軍進攻沖繩之後，由鹿兒島縣的知覽，以及九州各地的基地，都有特攻機朝著沖繩近海出擊。台灣也有特攻機出擊。中田女士就是這樣，與移動到台北的特攻隊員們認識。

這次的旅程，我們走訪了跟中田女士感情特別好的特攻隊員，高田豐志出擊的宜蘭機場遺跡，以及那片海岸。我們到了海岸，可以看到大海那側的龜山島。聽說，朝著沖繩飛去的特攻機，就是以龜山島作為辨別方位的指標。中田女士就只是靜靜地，看著這片大海。對她來說，這趟旅途一定流轉著許許多多的思念吧。

本書描寫的時代雖然是黑暗的戰爭時期，但卻是以生動而感性的文字，記錄著十四歲少女的青春歲月：空襲、勞務動員、疏散、與特攻隊員的相遇……。讀者可以瞥見戰時下台灣人們是何種樣態。只有體驗過戰爭的人，才能說得出戰爭的現實面。當時的環境以及人們的思念，都囊括在這本書中。我們讀歷史書籍的時候，或許會感覺戰爭是離自己相當遙遠的存在，但本書卻是在讀者眼前，從日常生活開始，顯現出戰時下的情景。正因描述得栩栩如生，才能透過本書，讓身處現代的我們能夠理解，戰爭隨時可能發生在自己身邊，不要讓自己置身事外，給自己一個接觸並思考戰爭的機會。

現今日本，對於戰時下台灣的相關報導並不多。例如空襲相關的報導，大多數仍以日本本土的慘狀為大宗。很多人並不知道，其實台灣也受到空襲，因空襲造成的犧牲者也相當多。關於特攻隊的報導也不多，人們知道特攻機從九州各地出擊，但幾乎沒人知道也有從台灣出擊的特攻機。

即使是遣返相關事件，台灣也幾乎不會成為報導對象。日本戰敗後，有許多的日本人從中國大陸、朝鮮半島與南洋遣返回日本，但是針對遣返相關的報導，可以說絕大多數都是寫從中國大陸的遣返過程。這是因為蘇聯參戰造成的慘劇，導致在中國大陸的遣返過程出現大量的犧牲者。還有一點是因為台灣的遣返者，被看作是「戰爭區域內，遣返結束過程中最為平穩的地區」。

但是台灣的遣返，絕不能說是「平穩」。遣返者絕大多數的資產都留在台灣，一個人只被允許攜帶一千日圓以及極少數的行李。德丸家也是只能眼睜睜放棄辛苦一世蓋起來的房子。在這個「平穩」的說法中，傳達著多少人的淚水及悔恨。

本書想將戰時下的台灣，以及市井小民們被捲入戰爭的各種想法與體驗，傳達給讀者。字裡行間總浮現著，中田女士在台灣生活的青春歲月，以及對台灣的思念。這本書越是深讀，越會讓人對中田女士迷人的性格愛不釋手。我希望，這是一本能夠盡可能在台灣讓更多人讀到的書。

〈譯者序〉
人生中不可思議的緣分

國立高雄科技大學應用日語系兼任助理教授 陳怡如

人生總是有許多不可思議的緣分。二〇一七年在舊建成尋常小學校的同學會上，因一張八十年前的台北放送局兒童合唱團老相片，從此與中田芳子女士有了密切的往來。二〇二〇年疫情開始肆虐，透過網路與視訊，在中田女士的大力協助下，讓我順利發表了一篇論文《日治時期「臺北放送子供唱歌隊」初探——以灣生中村ヤウ子與中田芳子的個人體驗為例》，並登載於國立台灣歷史博物館「臺灣音聲一百年」網站上。二〇二四年疫情終於趨緩，在中田女士睽違五年再度訪台之後，很榮幸將本書翻譯出版，為她向中文讀者傳達對台灣這塊土地的情感，了了一樁人生的心願。

中田女士一九三一年出生於台北市御成町（現中山北路），十五歲返日前，就讀舊建成尋常小學校與台北州立台北第一高等女學校（現北一女）。家中開設的「德丸理髮店」，第一代店址位於大正町，第二代店面之建物今日仍矗立在中山北路上。作者從小極具音樂天賦，從書中收錄大量兒時記憶的軍歌、對路邊流動攤販的叫賣聲之描寫，以及文中使用大量的狀聲詞，皆可見她與生俱來對音階的敏銳度。返日後即使家中經濟窮困，她半工半讀完成高中學業，延續對音樂的熱忱。婚後，她開設了音樂教室，幾年後參加某電視台的特技比賽節目，以自己拿手的回文結合音樂，開創了「逆歌」（倒轉唱歌）的表演技能，贏得冠軍。從那之後她便不時出現在日本各大電視台的綜藝節目、廣播節目中。現高齡九十三歲的她是位YouTuber，擁有自己的音樂頻道，去年還參加 Japan's Got Talent（日本版《美國達人秀》），一路晉級到準決賽。

作者還有另外一個身份，即特攻隊員之妻。丈夫中田輝雄，是少數倖存的特攻隊員，但卻也因此自責了一輩子。畢竟在當時的氛圍中，與戰友同生共死才是身為軍人的榮耀。中田女士第一次與丈夫相遇，是在當時的高級日本料亭──梅屋敷（現國父史蹟紀念館）。如同其他台北市內的高級日本料亭或日式旅館，二戰期間的梅屋敷也成為特攻隊員待命的場所。中田女士受梅屋敷的女主人之託，每日下課後就前往梅屋敷陪伴這些特攻隊員打發「人生最後的時間」。這位年僅十四歲的少女自此與特攻隊員結下不解之緣，更重要的是，她感受到戰爭的真實面貌，以及發自特攻隊員身上的一股神聖氣場。作者認為那是「人類面對死亡的苦惱，以及與之對抗而散發出的崇高氣息」。

由於作者的特殊身份，使得本書有別於市面上與特攻隊相關的書籍。本書雖然以文學作品方式呈現回憶錄，但同時也是以女性視角來描述特攻隊員的生活樣貌與心境，加上中田女士在音樂造詣上的成就衍生的豐富情感，字裡行間充滿感性與女性的堅毅。此外，本書涵蓋作者從少女時期至老年時期的心境轉變，從對戰爭的無知，到最後自丈夫遺物中理解戰爭的殘酷與無情，這些都在書中一一細膩呈現。在這些文字的處理上，對譯者無疑是一項挑戰。

感謝佳集集團胡正成董事長、城邦出版集團何飛鵬首席執行長促成本書的中文出版，以及商周出版程鳳儀總編輯、王拂嫣編輯在出版上的各種協助。最後還要感謝我的丈夫胡向賢博士為本書作全文校閱以及字詞建議。

在此由衷希望本書的出版能為愛鄉、愛土、愛台灣的灣生盡一份棉薄之力。同時藉由中田女士的戰爭經歷，讓我們後世足以記取歷史的教訓，不再重蹈覆轍。

CONTENTS | 目錄

〈中文版序〉
重回「十四歲的夏天」

中田芳子

這次居然能夠有機會，將拙筆《芳子的十四歲夏天》翻譯成中文並重新出版，這是我做夢也沒有想過的好事。一想到這樣的好運能夠降臨在我身上，我真的找不到有什麼詞句能夠形容我心中的感謝。這就是我現在最真實的心情。

一開始我寫這本書，已經是距今十幾年前的事了。這是八十歲的我，以自傳般的筆吻，第一次寫下的書。

書中所寫的，是生於台灣的我，在台北市的城鎮間度過的幸福少女時代。以我到十五歲為止，無法忘懷的那段日子作為主要內容，再補上往後我所走過的人生旅途。

那場令人痛恨的戰爭，讓我原本應該安穩的幸福人生驟起巨變，奪走了原有的一切。

最讓我難過的是，因為「戰敗」的結果，我被迫離開成長的故鄉，只能毫無選擇的捨棄一切，離開台灣。

台灣受惠於四季如春的氣候，有著美麗的自然風景，豐富的水果種類。不，對我來說，最讓我感到懷念的，是熱情開放的台灣人跟我們日本人的來往。

我在十五歲以前都住在台灣，對日本完全沒有絲毫概念。這樣的我，在遣返回到日本內地之後，即使我還只是個孩子，我仍然記得很清楚，我立刻就感受到了兩邊不同的國民個性。

如果你問我哪裡不同，我也沒辦法立刻回答你。不過我可以舉個例子，我們家一直到終戰前夕，都疏開到了「大直山」。這是在那時候發生的事。當時學校一直都休校，所以我常常一個人跑到附近的田地，以及山下的水池邊去繞繞，我把這稱作「探險」。

探險回家途中的某一天，我走在炎炎夏日之中，田埂附近有著幾間農家，我看到其中一戶在戶外擺出了桌子，正在吃午餐。

我猜我應該是露出了「好棒喔，看起來真是好吃」的表情吧。那戶人家中有一位老奶奶，對我招著手，要我跟他們一起吃飯。

其他的家人看著我，也都露出和藹的笑容。

「過來過來。」

我覺得很開心，坐上沒人坐的椅子，跟這家人一起吃了頓飯。我到現在還是忘不了，那天吃到的稀飯有多好吃。

而這樣的情景，在日本本土是絕對不可能看到的。

出聲邀請陌生的小朋友一起吃午餐，像這樣溫暖的人情，寬闊的心胸，我總覺得，我從台灣人身上感受到的這一切，就能說明台日不同的國民個性。

接下來我想說另一件事。今年（二〇二四年）的一月，我在新冠疫情之後首度來台，這也是睽違五年之後，我與兒子兩人來到台灣。以往我也曾因小學同學會的關係回來台灣幾次，但像這次一樣，完全是私人行程的，還是第一遭。

我會來這一趟，是因為今年六十八歲的兒子，在去年年末時忽然提到「這次的新年假期，我來一趟台灣旅行好了」。

從很久以前我就常講：

「你的爺爺在台灣工作過三十年，他在台北鬧區的一等地，蓋了一間小小的，鋼筋水泥的家。雖然已經過了八十五年，但是那間房子到現在還沒被拆掉，仍然努力地屹立在大街的一角。你一定要親眼見過，這樣的話我想爺爺也會很高興吧。」

雖然我從很久以前就這樣一直跟他說，但是他身為醫師，年輕的時候就因為工作繁忙，或是優先去了其他想去的度假勝地什麼的，總是沒有機會踏上台灣的土地。

但是他也差不多快到了古稀之年，我猜他也想到了些什麼吧。

中山北路的一角，豪華飯店與絢爛小店林立之間，屋齡八十五年的我家，說來也是不輸人的鋼筋水泥建築。現在是間著名的烏龍麵店，穩穩地站在街邊一角。

那是我父親含辛茹苦了三十年，才總算蓋起來的家。

誰都不會想到，到了戰後，我們只能帶著一個背包，就這麼從這個家中，被趕了出去。而且還是放棄一切，得不到一絲一毫的補償，只能就這樣被遣返回日本本土。

遣返之後，我們一家又遭受了多少辛酸血淚！都是遠遠超乎我們所能想像的。

我父親從遣返那天開始，一直到他七十一歲過世，終究沒有機會再次踏上台灣的故土，結束了他充滿悔恨的生涯。

不過我真是沒想到，這棟在中山北路上的家，即使經過了八十五年的歲月，也沒有被拆毀，仍然留存在鬧街的路旁！即使周圍都蓋起了寬廣的豪華飯店以及漂亮的店鋪，只有我家，矮了別人一截，顯得格外引人注目。

對此，我們家族只有無盡的感謝。因為只要我們回到這裡，就能再次憶起亡父在台灣的幸福生活。

我兒子也是，屢屢說著：「這就是爺爺蓋的家呀！」。他露出感慨的表情，不停地輕撫著包了鋼筋的水泥圓柱。

這次的旅行，其實安排了稍微辛苦的行程。

我害怕這是最後一次的台灣之旅，覺得必須讓自己沒有任何後悔。這才做了這樣的安排。

在終戰前夕，從台灣朝著沖繩出擊的年輕特攻隊員們。聽說他們出擊的地點，是包含花蓮在內的各地大小機場。而我聽說，唯獨在「宜蘭機場」周邊仍留有舊日本陸軍的機堡。我來過台灣好幾次，但至今卻一次也沒有去過「宜蘭機場」。我想著這次一定得去一趟！我聯絡了長年活躍於台灣的作家片倉佳史先生，把我的想法告訴他。

「我來帶您去吧！」他相當高興地回答我，而且還說：「中田女士，難得您來一趟台灣，要不要在這裡辦一場演講？作為『灣生』，我希望您可以將當時的生活百態，以及回憶介紹給現在的年輕人聽聽。」我很感謝他能這樣邀請我。

雖然事情決定的倉促，但不愧是長年在台灣活躍的片倉先生，他很熟練的安排好會場，並且聽眾滿到座無虛席。

而且他為了讓台灣的年輕人也能理解，也安排了中文的同步口譯。更厲害的是，他為了讓我平常表演的倒轉唱歌也能現場演出，安排了相關設備。能夠在那場演講的後半，演唱〈雨夜花〉以及〈奇異恩典〉的倒轉唱歌，真是出乎我意料之外。

有一日天氣晴朗，我兒子說著「我想看看基隆的大海」，一個人跳上計程車就出門去了。看來他也很享受這段旅程。

真是讓人高興，我兒子似乎透過這次的旅行，完全愛上了台灣。看來在他心中已經開始計畫下一次的台灣旅行。

即使在回到日本之後，他也說：「這次的旅行我沒碰到什麼讓人不高興的事。台灣人都很親切，我在基隆時年輕的學子們也幫了我許多忙。」

他就是這麼說的。而且他好像對台灣料理的美味大吃一驚，看來他在這之後還是會踏上台灣這塊土地，這是一定的。

我父親蓋的家，目前是以好吃的「日式烏龍麵」為賣點的和風餐廳，到目前為止生意一直都很好。

不過屋齡總是過了八十五年，難敵歲月流逝。這間店已在今年春天結束營業。

在那之後，聽說這間房子將會大大地進行整修。

對我來說，雖然這會讓我感到有些寂寞，不過既然說是「整修」，就代表不會拆毀整棟建築物，房子還是能夠留下來。如果是這樣的話，是不是在這之後能由我的孫子以及曾孫口耳相傳，在未來的某一天來到這裡，說著這是我曾祖父蓋的家！將這個房子當成心中的支柱呢？我衷心希望事情仍如我所願。

「十四歲的夏天」，那段日子是我無法忘懷的回憶。

到了今年，我已九十三歲，心中來來去去的，總是那段生活在台灣時，幸福洋溢的每一天。生活在豐富的大自然中，以及溫柔又寬厚的台灣人們帶來的交流。受惠於台灣這樣的環境，養成了我面對小小困境不輕易服輸的個性，更讓我能夠長久維持著開朗的心態。

我並不覺得自己跟誰都能立刻打成一片的個性很特殊，但我總認為這樣的性格，都是因為生長在台灣，受到台灣開放的文化影響，才能自然而然地變成了這樣的個性。我堅信如此。

在台灣生活的十五年，我對自己經歷過的幸福日子，一切的一切都由衷感謝。

不，在那之前，我對於「能夠生在台灣」這件事，極度引以為傲。

我對於自己是「灣生」，感到極度的喜悅，以及自豪。

「感激不盡，長我育我的台灣。」

而我離開這樣的台灣，也已經八十年了……

現在的世界絕不能說是和平，地球上仍有許多地方爆發槍響，許多年幼的生命消逝。

在這樣的局勢中，我希望將來日本能夠與台灣攜手，竭盡全力，早日邁向一個任何人都能安心居住的世界。我仍會持續祈禱。

序

遠方傳來油蟬的鳴聲，我迎來了第八十次的夏天。

回溯著過往日子的遙遠記憶，現在我要開始寫一本書。

因為在離開這個世界之前，我無論如何都想要傳達一些事。

蔚藍的天空、潔白的積雨雲，以及炙熱的太陽。每到這個季節，我總是會不知不覺地被拉回十四歲的少女時期。

那一年，昭和二十年（一九四五年）八月，日本戰敗，人們一臉茫然地站在化為瓦礫的焦土前，無所適從。即使戰後已經過了六十五年，至今還記得當時樣子的人已是越來越少了。最後，這一切都將會消失在遙遠記憶的彼方，不論是哀傷還是憤怒，總有一日也將淡忘，不久之後都會從我們的眼前消散而去吧。

想到這裡，我感到十分焦躁，坐立難安。最讓我難以忍受的，是有些孩子甚至不知道日本曾經歷過戰爭，過去許多年輕人為了保家衛國而犧牲寶貴的生命。這就是我現在無論如何都必須傳達給後人的事。

昭和六年（一九三一年），在台北出生、長大的我，終戰當下是台北市內某間女校的二年級學生，也就是現在的國中二年級。我是個連作夢都深信日本軍必勝無疑，每天精神抖擻地從事義務勞動的「愛國少女」。

那時，我在因緣際會下到特攻隊員的宿舍遊玩，被他們當成妹妹一般疼愛著。

但那是出擊前一刻生命最後的日子，是他們與死亡相距不遠的日常。這對眼睜睜地將這一切看在眼裡的十四歲少女而言，是多麼地殘忍，也是刻骨銘心的體驗。

直到昨天還開心地一起玩撲克牌的善良大哥哥們，某一天突然一個接一個失去蹤影。當時的恐懼和哀傷，即使活到八十歲了，也絲毫無法忘卻。

昭和二十年（一九四五年）四月，美軍開始沖繩登陸作戰。為了阻止美軍的行動，日軍在沖繩西方的海面上展開激烈的戰鬥。每天都報導著特攻隊用自身進行攻擊的新聞，戰事緊迫愈發嚴峻。

當時，大家只知道特攻基地位於鹿兒島的鹿屋、知覽、加治木等地方，但都不知道其實還有許多年輕人在台灣的基地出擊。

我手邊有一張團體照。這張老相片是他們在台灣中部東海岸一個名為「花蓮」的機場，準備出擊的樣子。在這張發黃褪色的相片上，映著十九位年輕人相互搭著肩，似乎在唱著軍歌的模樣，他們張大嘴巴，露出無比開朗的笑容。

看起來平凡無奇，乍看之下讓人以為只是一群普通年輕人在喝酒聚會，實際上卻是特攻隊出擊的前一晚，在離別酒席上所拍攝的相片。當中的六個人，在隔天五月二十日傍晚，飛越花蓮海出擊，然後消散在沖繩西邊的海面上。

隨著時間過去，後排的四個人也跟著出擊了。那是七月十九日的事，距離終戰已經不到一個月了。

這張相片的後排，有一位脖子披著毛巾、滿臉笑容站著的年輕人。其實，他就是我後來的丈夫——「中田輝雄」。如果終戰再晚個幾天，他當然也就不在這個世上了。

不過，倖存下來的人生卻承受著痛苦。他目送了最好的朋友，堅信自己之後也會同赴歸途，他是這麼跟朋友們約定好才道別的，沒想到突然而來的終戰，讓他倖存了下來。這是一股只能獨自苟延殘喘的罪惡感。這對一個二十歲出頭的年輕人而言，是無法用言語表達的心理創傷，這股辛酸就這樣伴隨終生。

丈夫出神地看著舊相簿裡的這張老相片時，那個垂頭喪氣的背影，至今仍烙印在我腦海中揮之不去。對他而言，這張相片是他唯一能夠緬懷過去與同伴們在一起的寶物，同時也是因倖存帶來苦惱的沉重枷鎖。

我陪伴丈夫四十八年，二〇〇〇年五月，經歷短短半年多與病魔的搏鬥，在他七十四歲時便前往天國。他離世後，我在枕頭下找到一封遺書，上面寫著一首如同在描述自己一生的與世訣別歌。在這首歌的最後寫著：

翻越千山萬水，與戰友在空中相會，已過五十年。

雖然丈夫在戰爭結束後活了五十五年，但直到現在我才發覺，在他目送這麼多親友離開的那些時刻，其實就想與他們一起走了吧。這樣的心理重擔，正是他一生痛苦都無法消失的源頭。

雖然丈夫面臨死亡的逼近，但在畏懼死亡的同時，我確信他終於能放下心中的大石了。不過，即使同樣是倖存下來的特攻隊員，也有不少人在戰後就立刻切換心境，意志堅定地為了復興祖國而開始邁向嶄新的人生。

為什麼我的丈夫卻不斷地在責備倖存下來的自己呢？應該都是他太善良、太心軟的緣故……，我一直是這樣認為的。但事實上並不只有那樣。直到丈夫去世十年後，我最近才終於解開這個謎團。

那就是，在這張老相片裡的一位特攻隊員留下的遺書中，留有丈夫的名字，從這裡浮現出六十五年前的真相。其中隱藏了戰爭的殘酷，以及讓人感到不合理，令人痛心無情事實。

這張相片到底埋藏了多少悲哀、訴說著多少人的心情啊！

這已經不是用言語就能說得清楚的。

這是一位十四歲的少女在戰時遭遇的悲傷體驗。親身體驗生與死的交界，人的性命未免太過輕薄，每天都是這種可怕的日子。雖然只有短短不到兩個月的時間，但對它的記憶卻是一生也無法消去。

也許我已經太老了，無法將所有事情講完。記憶也由不得我控制，只會越來越

特攻隊員出擊前夕於台灣花蓮拍攝的相片

前排從左數起：三島中（生還）、小林脩、栗原義雄、高橋渡（生還）、田川唯雄、大塚喜信、井沢賢治。
後排從左數起：笠原卓三、織田保也、鈴木吉平（生還）、山口文一（生還）、藤井繁幸、山下（生還）、堤誠（生還）、原口三郎（生還）、中田輝雄（生還）、田部井（生還）、塚田方也、山脇研一（生還）。

＊生還是指沒有出擊的意思。
＊無法確認山下、田部井的全名。

模糊。我也擔心在我剩餘的時間裡，能將遭遇到的各種事情記錄到什麼程度。

不過身為「昭和個位數」[1]世代，有義務要將戰爭的慘狀親自傳達，讓後人知道。如果我現在不留下在那些日子裡，年紀輕輕就消散隊員們的叫喚聲，還有誰能幫我向後人傳達呢？

身為最後的敘述者，用這樣的方式記錄下來，我確信這是丈夫的心願，他在黃泉的彼岸支持著我做這件事。

如此悲劇不能再有第二次！而且也不能讓它淡忘！我是抱著這樣的心情寫下這首獻給亡者的「安魂曲」。

第 1 章　台灣的夕陽

幼年時期在台灣看到的夕陽天空，那是多麼地美麗，要如何形容才能讓你們知道呢？人們常說是「暗紅色」，但台灣黃昏時的天空，顏色是更加深沉，是令人陶醉般的酒紅色。

雖說是幼年時期，但那也已經是七十年以前的往事了。到了傍晚，經常會出現一大群不知道從哪裡來的蝙蝠，將天空覆蓋成一片黑色。一群蝙蝠會朝向固定的方

1 譯注：原文「昭和ヒトケタ」，指的是昭和元年（一九二六年）至昭和九年（一九三四年）出生的世代。

向飛行，但或許是其中有同伴變換信號吧，牠們全體會突然改變方向，瞬間往相反方向急速下降。那看起來就像是在紫色的帆布上進行一場大型表演，那是一副美到令人窒息且神祕的光景。

倚靠在窗邊手托著臉頰，一味地眺望著天空，那時的我大概六歲左右吧，體弱多病，感染過好幾次人稱台灣的風土病——阿米巴性痢疾[2]。我連飯也不吃下，一個人睡在二樓，意識矇矓中，望著窗外美麗的夕陽天空，看再久都不覺得膩。就在那時候，不知道為什麼淚從臉頰上流了下來。現在回想起來，我應該不是只是身體生病，心也跟著一起病了吧。

心中有股要被吸進廣大天空裡的不安心情。那時候我最痛苦的就是，明明是個小孩子，卻每天過著失眠到天亮的日子。

如果我是出生在現今所謂的少子化時代下的話，馬上就被父母發現不對勁，被帶去醫院吃著許多不同的藥，然後被冠上「某某症候群」的病名，變成真正有問題的小孩也說不定。

不知道是幸還是不幸，我是全家十位兄弟姐妹當中排名第六的孩子。在我下面還有小嬰兒需要照顧，母親再怎麼擔心我的身體，我相信她也沒有多餘的心力去顧及那個到了傍晚就會一直哭、身體病弱的女兒內心深處的問題。

但即使如此，母親帶我去醫院看診時，還是會在言語中交雜著嘆氣說：「醫生，為什麼這個孩子會如此地神經質呢？」如果是現今這個時代，大概阿米巴性痢疾等等的疾病，用抗生素一次就能治好了。

即使上了小學之後，阿米巴性痢疾也常常威脅著我的身體，幾度讓我腹瀉和腹痛。很荒謬的是，那時候醫生不知道為什麼禁止我喝水。他所持的理論是：「必須讓腸子保持乾燥不可。」現在想起來，我那時完全是脫水狀態了吧，還是個體重還不到二十公斤、虛弱的三年級小朋友。

2 阿米巴性痢疾：痢疾的一種，是熱帶與亞熱帶地方的傳染病。痢疾阿米巴為病原體。腹痛伴隨著一天數次帶有黏液或血液的腹瀉。雖然容易復發，但一般而言復原後並無大礙。

當時，哥哥們竟然給我取了一個綽號叫「皮包骨衛門」[3]。因為這樣，我也沒辦法參加遠足。我把二樓的窗戶打開一個小縫，專注看著大家興高采烈地從家門前走過的樣子。為了不讓母親發現，我把臉頰貼在窗框上，一臉羨慕地流下眼淚。

後來才知道，據說那時候我被醫生說：「大概只能活到二十歲吧。」母親用著「既然是活不久的孩子，那得好好珍惜」的想法將我養育長大。因此，雖然家中有十個兄弟姐妹，但從小就一直覺得，只有我是特別受到照顧的。

從二樓的窗戶還能看到其他許多東西。

向學校請假，中午一個人在睡覺的時候，遠方傳來踏、踏、踏的鞋子聲。「啊，是軍隊！」我迫不急待地想要馬上爬起來，但身體感到沉重，好不容易匍匐前進到窗邊打開窗戶的時候，軍隊的身影已經來到眼前了。

那個時候，距離太平洋戰爭爆發已經不到兩年。台灣各地都有大型部隊進駐，軍事體制一天比一天做得更加徹底。

行進中的軍人幾乎都是剛入伍的新兵。他們將步槍架在肩上組成隊伍，從各自的連兵舍出發，一邊大聲地唱著軍歌，一邊在街上行進。

應該是從各個小隊選出來的吧，一位士兵站在隊伍的最前頭，用嘹亮的聲音先唱起軍歌的幾小節。

「萬朵櫻花是衣襟的顏色——」

接著約有五十人的軍隊齊聲歌唱。

「萬朵櫻花是衣襟的顏色——」

大家筆直向前，表情嚴肅地行進，其中有一位只有臉朝著前方，眼睛卻四處張望的軍人，他馬上就發現從二樓窗戶露出嬌小身體的我。我忍不住向他揮手，他還是臉朝著前方，只有眼睛看著這邊，然後對我笑了一下。

3 譯注：原文作「骨皮筋衛門」。衛門原是日本古代男性的官職名，擔任守衛或保護宮殿門、城門的職責，後來演變成男性的通稱或作為名字使用。

軍歌的節奏幾乎都是配合行進時使用的完整二四拍，而且不知道為什麼很多是小調。

壯心滿懷地要取得勝利，
起誓之後離開故鄉，
難道要毫無戰功就死去嗎？
每當聽聞前進的號角聲，
波動的旗幟浮現眼前。

〈露營之歌〉

小調的軍歌不論再怎麼跟著節拍有精神地唱，總是有股悲傷，尤其是軍靴走在柏油道路上發出踏踏踏的聲響，更是激起這個感覺。

那時從大人的日常對話中已不時出現「戰爭」這兩個字了。因此，軍靴的聲響裡不知不覺中帶有戰爭的氣息，令人感到害怕。

我家位在台北市內寬闊的主要幹道上，從窗戶能見到的道路幅度相當寬廣，光是一側的道路就有三線車道。當時還沒有號誌燈，要橫越道路只能趁車子往來間的空檔，這對小學生來說是非常可怕的事情。

道路的正中央有中央分隔島，綠意盎然的行道樹不論四季，搖曳生姿。周邊到處豎立著裝有日光燈的路燈，到了夜晚從二樓的窗戶就能看到綠樹浮現，那是很漂亮的景象。台灣是日本贏得甲午戰爭勝利後，從中國手中取得的殖民地。從那之後，日本統治了台灣五十年，想必日本打從一開始就在都市計畫方面投注了許多心力吧。

這條道路是現在的「中山北路」，別名又稱作「敕使街道」或「御成街道」。據說是拜訪台北的高官或是皇族們到台灣神社參拜時，一定會從這裡經過，才會如此命名。這條道路筆直延伸，是條出色的柏油路。不僅車子能在上面行走，還有其他許多交通工具也能使用。還能聽見無時無刻傳來台灣人的叫賣聲。

「油炸粿、油炸粿唷——」

「磨剪刀、磨菜刀——」

「燒唿唿的糙米麵包——」

每每聽到這些聲音，我就會打開窗戶找尋他們的蹤影。

「油炸粿」（油條）是一種台灣的點心，一大根炸得蓬鬆酥脆的東西，非常受歡迎。父母嚴格禁止我們去買這類路邊叫賣的食物來吃，但哥哥們都會偷偷地去買，然後分一些給我在背地裡偷吃。

確實還有不少其他不衛生的食物在路邊叫賣。像是吃到讓嘴巴周邊變得鮮紅、顏色鮮艷不已的糖漬杏桃和李子等等，但是對小朋友來說，那是種不可言喻，充滿魅力的食物。

雖然附近就有大型市場，在那裡能買到有經過完善衛生管理的食物，不過小孩子就是這樣，越是嚴格禁止他不准吃的東西，反而越是想嘗試。

如此路邊叫賣的攤販，周圍總是蒼蠅飛舞成群，商人一定會將插在腳踏車上的破舊旗子下垂吊著兩、三張捕蠅紙。捕蠅紙上黏著蒼蠅的屍骸……但是對小孩子來說，這些都不算什麼。

從台灣人手中拿過來的，是一個用舊報紙作成的簡陋三角形袋子，裡頭裝著又酸又甜的乾杏桃。用舌頭舔著滴滴答答流下來的鮮紅色湯汁，背著父母偷吃的滋味，那真是一種「禁忌的」味道。

平時添購食物的大型市場，就位在我家斜前方道路的對面，裡頭總是交雜各種充滿活力的叫賣聲。商店的老闆有日本人也有台灣人，普遍彼此關係良好地進行買賣。從基本的肉和蔬菜，到味噌、醬油一般的日本食材也一應俱全，我們過著物資充裕的生活，沒有什麼買不到的。

這是爆發太平洋戰爭前昭和十六年（一九四一年）的事，之後不到五年的時間內，我們日本人被奪走在這裡生活基礎所需的一切，面臨被趕出這個樂園的命運。這樣的事情，有誰能想像得到呢？

先不論盛夏的炎熱，台灣有著四季分明的溫暖氣候。因為是殖民地，稍具立場優勢的日本人，過著優雅、幸福的日常生活。那時候台北的人口，日本人就占了一半。

小學的數量也很多，光是給日本人就讀的小學在台北市內就有七間。給台灣人就讀的小學稱為「公學校」，兩者是分開的。我就讀的是小學名為「建成國民學校」，每年級有五個班，而且一個班裡有五十位以上學生的大型學校。

雖然基本上有劃分學區，不過在「建成」，有被稱為「汽油車」，也就是使用汽油發動的火車和公車，所以有很多從郊外通勤的學生。加上台北市內也有很多條公車路線，不論要去哪裡都很方便。

不過，我要去醫院的時候，大多會搭乘被稱為「多謝」的台灣人的人力車。市場附近有「多謝」的排班處，總是會有四、五台聚集在那裡等著載客。

要去市中心的醫院時，母親與車夫經常會為了車錢而產生有趣的議價情境。因為如果只告訴車夫目的地，等會兒要下車時就會被敲竹槓。

雙方終於談好價錢，我坐在母親的膝蓋上。「多謝」拉下車蓬搖搖晃晃地出發後，在平坦的柏油路上輕快地拉著車子，充滿節奏感的腳步聲不絕於耳，讓人心情舒暢。平時不容易入睡的我，不知不覺也有了睡意。

母親明明還要照顧其他比我年紀更小的弟妹，但她總是片刻不離地帶我去醫院，現在想起來覺得不可思議。不過，那是因為當時雇用台灣人女傭的薪水相當便宜，不論是洗衣服或是照顧小孩，都會有一位叫做「查某」的年輕小姐來幫忙，家事基本上可以放心交給她做。

母親生育了十個孩子，我應該是相當理解這是多麼辛苦的事才對，但其實我一次也沒有見過母親洗嬰兒尿布的樣子。換句話說，就這點來看，父母在殖民地是過著優渥的生活吧。

如果沒有被捲入戰爭，不論是父親或母親會一直在「常夏之地」——台北，度過幸福的一生吧。

父親因為戰敗後遣返回日本，失去了三十多年來一點一滴累積起來的所有財產，在昭和三十五年（一九六〇年）春天，帶著遺憾結束他七十年波瀾萬丈的人生。

第２章　激動的時代

我出生於昭和六年（一九三一年），對日本而言無疑是激動的一年。九一八事變爆發也是在這一年。十月，日本軍（關東軍）轟炸中國遼寧省錦州，戰火一口氣擴大。同樣是在十月二十四日，國際聯盟理事會勸告日本從滿州撤兵。

激動的昭和史實際上已經開始。

隔年，昭和七年（一九三二年）爆發上海事變，接著昭和八年（一九三三年），日本終究退出了國際聯盟。

國內的言論自由開始被剝奪，無產階級文學的代表作《蟹工船》的作者——小林多喜二慘遭特高警察（特別高等警察）殺害，也是這個時候的事。從這樣的時代背景看來，就可以推想當時的勢態有多麼的糟糕。緊接在後的是，日本以猶如同滾雪球般的氣勢朝著軍國主義突飛猛進。

意思就是，像我們這些生在昭和個位數時代的人們，都背負著「戰爭的陰影」，教育、生活各個面向都充滿軍國主義色彩。可說是確確實實地受著軍國的洗禮成長的一代。

即使是在殖民地台灣，在國民學校，每到早晨的朝會就會舉行升旗。喇叭播放著〈君之代〉歌曲，一千三百名兒童列隊在校園裡，眼睛注視著在中央高聳的旗竿上緩緩升起的日之丸旗（太陽旗）。接著播放豪壯的軍艦進行曲，全校學生跟著旋律有條不紊地行進。

小孩子被灌輸的是，天皇是「現人神」，也就是以人類姿態現身的神。提到天皇的話題，總是一定要在前面冠上「誠惶誠恐」的字眼。因為這樣，所以不論什麼時候只要一聽到「誠惶誠恐」，必須馬上全體起立，採取立正不動的姿勢。

雖然不是安徒生童話的《國王的新衣》，但不論在哪個時代，小孩總是直指問題的核心，而且對威權神話極為嚴格。

「那麼，天皇陛下也不用吃飯、不用上廁所嗎？」小孩子在私底下偷偷開著這一類的玩笑。

昭和十六年（一九四一年）十二月八日，因海軍偷襲珍珠港而點燃太平洋戰爭的火苗。這是我念國民學校（小學）五年級的時候。

「戰爭了，開戰啦！」

「與美國的戰爭開始了唷！」

聽著大人們帶著有點興奮的心情交頭接耳討論的話語，小孩子雖然心裡不安，但另一方面，不知為何我也感到了一股臨陣般的豪情壯志。

（絕對會贏！打贏是理所當然的！）

那天早上有種說不出來的緊張感……平常總是和妹妹們在上學途中大聲喧譁，只有那一天卻是背著書包，不太說話，就像昨天一樣走在平時上學的路上。

那時候我的身體，不知為何變得健壯，讓人不敢相信幼年時是那麼的虛弱。母親不知道從哪裡聽來，「這個孩子會不會是鈣不足？」的說法。因此她讓我去醫院，維持了一段每隔一天就打針的日子。不過再怎麼說，母親無法總是陪著我去，我便自己一人放學後搭公車前往市區的醫院。

現在想起來，打了鈣之後，不知為何嘴裡會立刻產生一股熱氣。我想應該多少也是心理作用，身體的確變得健康，因此去醫院的日子持續了一段相當長的時間。如果從年齡來看，或許是體質本身正處在變化期也說不定。

其實即使到了現在，我的體重也只有三十五公斤多一點，骨頭也很細，但卻意外地堅硬。我只能認為是那時候打針帶來的效果吧。父母親生了許多孩子，在經濟方面應當很辛苦，卻為了一位體弱的女兒，讓她接受注射治療。讓我現在覺得，光是這一點我就必須心存感激了。

跟家人一同歡送兄長出征的作者（後排最左），當時為小學六年級生。
前排坐者右起依序為母親菊代，手抱六女志津子、次男錦次，手抱五女須美代、父親清、四女喜代子、三男薩郎、町內會長。
後排站立者右起依序為四男政男、次女節子、長女和代。

剛入讀台北第一高等女學校的作者。

身體變得健康之後，好像是為了要克服以往畏縮不前的自己一樣，我整個人活潑起來，變成了一個不服輸、不得了的野丫頭。

因為一直以來過著離死亡不遠、身體虛弱的日子，成長過程中受到父母及周遭人們的溺愛，所以認為引起大家的目光是件理所當然的事。

毫無疑問地，周遭的人一定把我視為是個自我中心、我行我素的小女孩。

我從國民學校畢業，是昭和十九年（一九四四年）春天的事。我正式地……應該說勉強考上了台北第一高等女學校（簡稱一高女）。

一高女在台灣是最優秀且具傳統的女校，在班上有陸軍部隊長和連隊長的千金。即使從當時的時代背景來看，對我而言，她們的存在顯得特別耀眼。

這間學校是一間徹頭徹尾教出「賢妻良母」的女校，這也是學校一貫的教育方針。

在我上面還有兩位姐姐，我們三姐妹也到了最容易多愁善感的年紀，因此我們勇往直前地走在軍國教育路線上，毫無疑問地相信日本將會勝利，傾心於這樣的國家政策，這或許都是理所當然的。偶爾父母會控訴戰爭的痛苦，訴說和平日子的種種，話語中交雜著牢騷。我們三姐妹總是口徑一致嚴肅地爭辯不休：

「那些是反戰思想唷！母親你們是非國民啊！不可原諒！」

那時哥哥們三人已經被派往戰地了。台北帝大醫專畢業的大哥，以陸軍軍醫的身分前往南方的新幾內亞；二哥以陸軍幹部候補生的身分前往在台灣南部的部隊。接在我上面的哥哥是學徒出陣[4]的海軍少尉，前往遼東半島的旅順。他們都各自去了前線。

以父母的立場來看，如果沒有戰爭的話，原本全家可以齊聚一堂，自由自在地過著和平的日子。這是何等的悲哀啊。

4 學徒出陣：第二次世界大戰戰局變為嚴重的昭和十八年（一九四三年），當局為了擴充戰力，對理工科系以外的大學、高中、專門學校的學生停止緩期徵兵，同年十二月，法學、文學科系大半的學生完成體檢後，進入陸軍、海軍服役。

父母親在明治末年離開九州，打算埋骨在台灣而不斷工作。他們一邊養育十個孩子，一邊在台北的主要幹道上蓋了一棟三層樓的鋼筋水泥住家。能夠擁有這些，可說是來到台灣的三十年間，積少成多辛苦耕耘的成果。這間房子是在我上小學的那一年，昭和十三年（一九三八年）蓋好的。

我至今仍忘不了那時父親臉上的笑容。

「有了它，不論是地震還是什麼來了都沒問題。我們全家人將一直住在這個家裡唷。」

不過結果是，父親努力三十年建造起來的房子只住了七年而已，戰敗後遣返，失去了一切，可說是因此而葬送了一生。

現在想想，雖然我能感同身受父母的痛苦和悲哀，但因為當時我們對軍國主義深信不疑，一直相信日本會贏得勝利，所以才會如此激烈地責備擔憂戰爭的父母親。縱然曾經是受到軍國主義的洗禮成長，事到如今我仍是感到相當懊悔。

回想起來，開戰後沒有多久，日本軍以破竹之勢持續戰勝。

第3章 直到勝利那天

從小孩子的角度來看，戰時下還有其他令人覺得奇怪的事，像是眾所皆知的「竹槍訓練」。我們女學生手持長刀，對著假想成敵兵的稻草人，嘿呀、嘿呀地不斷突刺，刺完立刻將長刀拔出，再排到隊伍後面。

（我們這樣拿著竹槍穿刺的時候，美軍不可能像這個稻草人一樣站著靜止不動吧。）

雖然腦中這樣想著，但輪到我的時候，我還是喊著「可惡的美、英！」，用力地將長刀刺進稻草人身上。

這些訓練在當時稱為「教練」，是當作課業的一環，來進行的教育。

除此之外，還有一種稱為「修練」的特別時間。雖然在室內進行上課，不過與其說讀書，不如說是在鍛練靈魂，也就是精神修養的時間。

它是這樣的一門課程：學生正坐在和室裡，學習「大和魂」或《駐防戰士之歌》（防人の歌）等日本自古以來的精神。

老師是一位四十多歲的男教師，用著緩慢的語調，講著像是無止盡、說教一般的內容，說真的讓人感到有些無聊。而且長時間正坐著，雙腳發麻，十分難受。不過現在想想，那時候聽到的內容對人生是多麼地有益，對自己的人格養成也是很大的支柱，這些都是無法衡量的。

進入昭和二十年（一九四五年）後，戰局越發激烈，空襲也變得比以前加倍頻繁。原本應該要進入新學期，開始二年級的課程，但是幾乎沒有像樣的課程，而是以「勤勞奉仕」的名義，一味地從事軍隊的手工作業，例如：使用鑷子或薄刀刃的小刀，將作為飛機絕緣體使用的「雲母」礦石一片一片的剝下來。又或是賣力地製作妨害敵人電波探知器用的銀紙。將捲著像鋁箔一般的膠帶，束成一捆。變成加工室的教室裡，不時有軍人在巡視。雖然女學生們都是認真地默默工作，但是只要巡視較為鬆散一點，大家馬上就開始聊起天來了。

我們主要的話題是，當時收音機播放的流行軍歌新曲，或是稱為國民歌謠的受到大眾喜愛的歌曲，尤其是航空兵或傘兵隊唱的歌特別有人氣。

戰時為了要鼓舞士氣，有許多雄壯的歌曲一首接一首誕生，這些歌曲透過收音機的電波立刻廣為人知。不論哪個時代都一樣，年輕人對於時下流行的歌曲是很敏感的。而且能夠率先將這些歌曲記起來，對當時的我們來說是小小的娛樂，也能滿足自己些許的優越感。

在山丘上飄揚著，日之丸旗幟，
我們的眼睛，仰望著，

總有一天將滿溢，感激的淚水，
心中的火焰，在燃燒。
我們都將竭盡全力，
直到勝利那天，
直到勝利那天。

〈直到勝利那天〉

這首〈直到勝利那天〉，在這麼多戰時中的歌曲裡面，不知道為什麼，我對它的印象特別深刻。即使到了現在，只要每唱起這首歌，我就會想起那段一味地相信勝利，多愁善感的女學生時代，這讓我心中激動不已。而且「戰爭」那種處於極限的狀態，也就是被稱作「非常時期」的時代，街上空虛寂寥的風景，又活生生地在我面前甦醒。

這就是歌曲帶給人的不可思議的魔力吧。

還是和平的那段日子，繁華街上裝飾華麗、商品多到數不完的百貨公司，隨著日子消逝，商品也漸漸消失，不久後，架子上和展示櫥窗裡變得空空如也，非常醒目。

但是不知道為什麼，只有電梯還維持最低限度的運轉。我們姐妹在那裡最後買的東西是，在文具專櫃賣的信紙與信封組。那組信紙與信封雖然紙質粗糙，但上面畫有由「中原淳一」[5]以及「松本勝治」[6]等人，是當時很受歡迎的插畫家所畫的可愛角色。

當時抱著「直到打倒美國、英國勝利為止的那一天，無論如何都要努力！」這種魯莽的心情，同時內心又湧現一股對美麗事物、可愛事物的憧憬。這在當時對我而言不覺得有任何衝突。

5中原淳一：一九一三年生，一九八三年歿。職業為插畫家、人偶作家。作品中擁有大眼、纖瘦的美少女人物，因不符國策之故，戰時中暫時被停止創作活動。
6松本勝治：一九〇四年生，一九八六年歿。昭和時代的少女漫畫、抒情畫代表作家。其代表作品人物《旋轉的小胡桃》（くるくるクルミちゃん），非常受到年輕女孩的歡迎。

這是因為對我們而言，「非日常」的事情已變得「日常」，無法與其他的生活方式相比較了。

「奢侈是大敵！」

「直到勝利那天，無欲無求。」

「前進吧，一億顆火焰的砲彈！」

這樣的宣傳單在街上貼的到處都是，再不想看也看得到。

現在想起來覺得可笑的，還有一張「停止燙頭髮吧」的海報。

那個時候，迷你裙和洋裝都被嚴格禁止，女性全部是穿著腳踝部分緊緊束起，整體看起來胖胖的寬腰窄管長褲裝。此外，男性一律穿著被稱為「國民服」的卡其色上衣和長褲。樣子很接近軍裝，上面縫有黑色鈕扣的西服。

說到為什麼燙頭髮會遭到反對，原因是「日本女性生來就應該是黑色直髮的樣子，模仿歐美人特意將頭髮燙捲的行為真是不像話」。

當時小孩子之間很流行「改歌」，即是用軍歌的旋律搭配許多滑稽的歌詞來唱，燙頭髮這類就變成合適的題材。

「燙髮上，著了火，

眨眼間，成了禿頭，

禿頭上，只有三根頭髮，

啊，好丟臉啊！好丟臉啊！

還是不要燙髮吧！」

當然因為我們沒有錄音機器，這首歌只有在小孩子之間口耳相傳而流行起來。不同於現在單方面地接收來自電視的樂趣，自己想點子，然後唱出來。從這點看來，以前的小孩子還更有行動力，有著充沛的活力。

雖然會有人認為不過就是改歌而已，但是看著被現代手機或遊戲機玩弄著，在孤單之中卻不假思索地玩著遊戲的小孩子，會讓我重新去感受對他們而言，到底什麼才是幸福呢。

話說回來，當時的軍歌作曲家留下了許多不錯的旋律。如果它不是軍歌，而是在和平時代下的進行曲一類的話，我想一定會成為甲子園進場時的歌曲，持續演奏到今日。

比藍色更深邃的——天空中，
瞬間綻放著，成千上百的，
雪白玫瑰花——圖案，
看啊，降落傘，降臨天空，
看啊，降落傘，征服天空，
看啊，降落傘，征服天空。

〈空中神兵〉

引擎的——轟鳴聲，
隼翱翔於——雲端的盡頭，
翅膀上閃耀著日之丸旗，
胸中繪著紅鷹的印記，
是我們的——戰鬥機。

〈加藤隼戰鬥隊〉

看到銀色翅膀了嗎？這勇姿，
由日本男兒全力打造，
培育的我心愛的飛機，
擔負起守護天空的使命，
要來盡管來吧，紅蜻蜓，

荒鷲就呼嘯飛翔。

〈荒鷲之歌〉

早晨了，黎明了，海潮的呼吸，
深深吸入，那銅色的氣息，
胸中充滿，年輕的驕傲，
海洋男兒的，艦隊勤務，
月月火水木金金。

〈月月火水木金金〉

不要說手機，在沒有ＣＤ，也沒有電視的時代裡，對女學生來說唱歌是最大的樂趣。大家拿著歌詞就合音唱了起來。

其中一首，就是唱神風特攻隊的歌。

忍耐著，無言的咬牙，
盼望已久的決戰，即將到來，
現在是時候斬殺敵人，
奮力而起的，年輕人，

如果在這場戰鬥中失敗，
祖國的未來，命運將如何，
接受了，攻擊滅亡的命令。
神風特別攻擊隊

送行，也是離別，

知道這是此生的離別，卻微笑著，
巨響中，踏著基地飛出去，
啊！神鷲的，肉彈攻擊，

大義的熱血，染紅雲霞，
不惜一切肉身直擊，
敵艦無法逃脫，
看吧那不朽的戰果。

凱歌高唱，轟鳴著，
如今無法回頭，只能向前，
沉入廣闊的大海深處，
仍是，我們國家的，守護之神。

熱淚灑面仰望著，
國民懷念你的功勳，
永遠不會忘記你的名字，
神風特別攻擊隊，
神風特別攻擊隊。

〈嗚呼神風特別攻擊隊〉

第４章　神風特攻隊

我們第一次聽到「特別攻擊隊」這個名稱時，心中所受到的衝擊，至今仍是難以忘懷。

那時候，我們聽到了海軍部相關的新聞說：「本日，我軍排除萬難，針對太平洋上的敵軍航空母艦隊，由海軍戰鬥機進行肉身敢死任務，造成敵軍艦船嚴重損毀，引發大火……」

起初出擊機隊多是從鹿屋或知覽等，那些主要分布在九州南部的機場出發。

但是自從昭和二十年（一九四五年），美國開始進行沖繩登陸作戰後，從台灣各地機場出擊的次數也增加了。

聽說光是在台灣就有五十個特攻機出擊的機場，即使一些現在已經消失的小型機場，當時也有特攻機起飛。

在我們女學生從事義務勞動，進行手工作業時，男學生則被強制從事鋪設機場新跑道的重勞動工作。當時勞動的痛苦經驗，即使到了現在的小學同學會上，還是成為大家的話題。

特攻隊的事情在學生之間逐漸廣為人知，大家都受到了衝擊，這一眼就看得出來。

特攻隊那樣驚人的自殺戰術，似乎也給美國帶來極大的打擊。畢竟只要一架飛機，就能讓巨大的航空母艦引發大火，不論是這種戰術或是撞上的飛機，美國人統稱它為「Kamikaze」，並對此感到恐懼。

原本「神風」這個典故，源自於一段歷史故事。在鎌倉時代的文永十一年以及弘安四年，蒙古進攻日本時，停在玄界灘的船隻，突然遭受暴風雨襲擊，敵方船團幾乎全數沉沒，倖存者九死一生，逃之夭夭。因為如此，當時的我們堅信著「日本是神的國度，絕對不會輸，事態危急時神風便會吹起，助我日本。」

「神風」……是的，就是將自己化作「神力」，捨身救國的作戰方式。

之後，這種戰術急速擴張，不只是海軍，連陸軍航空隊也開始編隊，並取名「振武隊」、「神威隊」、「誠隊」等等，一個接一個殞落在沖繩近海。

這種悲壯的自殺式攻擊，犧牲的都是很年輕的隊員……光想到這裡就讓人熱淚盈眶。

在稍早之前的上海事件中，流傳著一段「肉彈三勇士」的美談。三名士兵抱著又長又大的炸彈衝入敵陣，捨命起爆，給予敵人極大的損害。他們的功績也成為歌曲，從小就經常聽到。但是知道戰鬥機的自殺式攻擊後，我所感受到的強烈衝擊，是肉彈三勇士完全不能相比的。

另一方面，「捨身戰術」也充分顯示出日本的戰局是多麼地緊迫，這讓人非常在意。這可以說是軍部所想出來的，在沒有辦法之中不得已而為之的戰術吧。

日本已經到了非得捨身不可就無法支撐下去的困境，日本的戰力該不會所剩無幾了吧……我的心中蒙上了一層不安的影子。

年輕的航空兵一個接一個自願入伍，為國家奉獻生命。我們聽到這些消息時，就好像自己也將赴死一般，一股悲壯的心情油然而生。

每個人各自有故鄉、有父母、兄弟姐妹，他們要捨棄所有在和平時代與家人共度歡笑的日子，轉而赴死。人生只活了短短的二十年……越想越覺得可憐無比。

在我們家，因為父母離開故鄉已久，在那之前沒有機會面臨祖父母等身邊人死亡的經驗，所以我一直很難實際理解死亡這件事情。

話雖如此，我想起一個哀傷的回憶，那是唯一一個留在遙遠幼時記憶裡的悲傷體驗。我從中知道所謂「死亡」，就是「無法再次與這個人見面」的意思。它深深地刻在我幼小的心靈中。

有一位叫做「小健」的哥哥，他是父親的遠親，小時候經常出入我家，在十九歲年少時死於結核病。

我現在想不起他的樣子，但這位哥哥每到傍晚就會讓我坐在裝在腳踏車前面給孩童用的小椅子上，在家周圍一圈又一圈地陪我繞著玩。

還有其他姐妹在場，姐姐們都非常羨慕，但不知道為什麼他就是指名說：「我想讓小芳坐。」有時候他會帶我去附近的店家買零食，我也非常喜歡小健哥哥。

那一天的事我不太記得了，隱約想起在我睡覺的二樓房間裡，母親換下喪禮用的和服，小聲地說：「可憐吶……小健死時還說了好幾次：『我要買牛奶糖給小芳，給我五毛錢。』」

母親一邊說著，一邊不斷地擦著眼淚。

這個時候，我受到了衝擊！「人死」是怎麼一回事了……它讓幼小的我認識到死亡的哀傷和喪失感。

小健哥哥的死，從此在我心中留下陰霾，種下對死亡的強烈恐懼感。

「喂，你知道嗎？聽說現在『梅屋敷』裡住了很多特別攻擊隊的人喔。」——昭和二十年春天，三月即將結束的那一天，我如同往常地上學，做著勞動工作。一進到學校，一位友人就偷偷地這樣跟大家說。

「梅屋敷」是台北歷史悠久，屈指可數的料亭，離我家並沒有很遠，放學時我都會從它前面經過。

這是間頗有品格的日本房屋，靜靜地佇立在古老的圍牆裡。黑色的屋瓦和大門讓人感覺多麼的有來歷，一進門的側面有灌木叢，用意是不讓屋子內的玄關輕易被看見。門的內側鋪上滿滿的小礫石，萬籟俱寂。在它旁邊就是主要幹道，理應是車輛來往頻繁的地方，但不知道為什麼門內如同另一個世界般，一切呈現靜止狀態的感覺。

我從小就覺得這間料亭很難親近，要說的話是讓人感到有點可怕的地方。因為不論什麼時候經過都沒有人，也聽不見人講話的聲音。偶爾有高級轎車輾壓小礫石發出聲響，看著車子就像是被吸進去一般。

到了晚上一定就會有人出入吧。但那是小孩子所不懂的，只有大人的世界，我一直覺得那是種可怕的氛圍。

（他們在那間梅屋敷？那些特攻隊的人？）

當天，我結束勞動工作從學校回家，走在平時上下學的路上，經過梅屋敷的前面時，我不禁放慢了腳步。

一個人都沒有的大門就這樣敞開著。我戰戰兢兢地踩著小礫石走進院子裡，伸長脖子從灌木叢的縫隙偷偷地往玄關看。拉門是開著的，裡頭寂靜無聲，一個人也沒有。

房間門口的木橫檔在對面的寬木板中間，立著一片高尚的屏風，上面畫著看起來像是一隻威嚴的老虎還是什麼的畫。

我心裡有些發慌，不自覺地一直向後退，不敢大口呼吸。有好一段時間，我就那樣站在原地止步不前。

結構厚重的玄關，以及它氣派的屋簷，不發一語地俯瞰看著我。（啊，這裡面就有特攻隊的人啊！）光是這樣，我心中就充滿了激動，一邊掉著眼淚，一邊大口吸氣，想從大門逃出來。

到現在我還是想不透自己為什麼會這樣做。整個人被吸入大門一樣，精神恍惚般地站立在料亭玄關一段時間，回顧自己少女時期的這般身影，腦中浮現的情景就如同一幅畫一般。

我總覺得，這一景，是我人生中最為重大，而且似乎在暗示我什麼的一個片段。

我沒有告訴家人那天放學後潛入梅屋敷院子裡的事情。要是被姐姐等人知道的話，一定會被責罵一頓。

年紀離我最近的姐姐和我一樣，都是台北一高女的學生，不過她是品德兼優的資優生。而我則是自由奔放，沒有禮貌的壞學生。

有時候在學校走廊奔跑或是大聲說話，會被高年級的「風紀股長」逮到，來一場無止盡的訓話，甚至運氣不好，剛好被經過的姐姐看到，到了晚餐的時候就會被拿出來說：

「小芳今天在走廊吵鬧又被罵了吧。這真的讓我覺得很丟臉！」之類的話，我又會再被訓話一頓。更不用說這次還偷偷闖入料亭的大門，偷看裡頭的樣子，要是被知道的話一定不得了。

當時的女學校與內地一樣，風紀都是非常嚴格的。

台北一高女創立於明治末期，是一間有歷史的學校。校訓是「端正、堅強、賢淑」。前面兩個還勉強可以做到，但就最後這一個「賢淑」，對個性像男孩子一樣的我來說，只能說與我無緣了。

從體型來看，比起姐姐們像女人般豐滿的胸部，我完全是平平淡淡。不過當時我不知道為什麼總是覺得，如此「女性樣貌」是齷齪的。所以，平日就故意表現地像男孩子一般粗暴的行為舉止，或是不由自主地口出惡言。

例如考上女學校後，第一次收到寄來的百褶裙，偷偷在試穿的時候，偶然來家裡玩的哥哥朋友看到就嗤之以鼻笑說：「哼哼，妳也會穿裙子啊。喔，因為是女學生嘛。」

我感到氣憤，應該說丟臉勝過氣憤，於是當場衝到外面，攀爬上不是很高的水泥塊圍牆，穿著裙子像在走平衡木一樣開始走在上面。

我斜眼看著一臉驚訝的眾人說：

「看啊看啊！我要從這裡跳下去囉！是裙子降落傘喲！」

說完就咻地跳下去，擺動著百褶裙，逗趣地讓大家看了好幾次。我就是這種不照規矩來的野丫頭。

事情發生在放學途中闖入梅屋敷的當晚。晚餐的時候，父親面對大家，似乎要娓娓道來什麼事情的樣子說：「今天，那間梅屋敷來了一通電話……」

我的心跳了一下，不自主地將手中的筷子停了下來，但不如說是差一點沒讓筷子沒掉下來。

不過，卻是意料之外的話題。

「聽說在梅屋敷，住了約二十名的特攻隊的軍人……明天晚上，他們要舉辦宴會，我被拜託：『您府上似乎有三位適齡的千金，是否能來當他們聊天的對象呢？』」

父親這樣說著。

聽到他這麼說，在不同的意思上，反而讓我心臟快要跳出來。

「怎麼可能答應這種要求，怎麼可以讓還沒出嫁的女兒去料亭的宴會！」

母親卻皺著眉頭堅決地表示反對。

「但是，特攻隊的人到目前為止都在南方戰線和滿州作戰，有很多第一次來台灣的人。而且其中也有已經收到一道命令，明天就要出擊的人。」

父親繼續說著。

「如果是這樣那也不是找女學生，應該會有做這行的人吧。」

母親是思想古板的人，完全不退讓。

我立刻從旁補上一句：

「我，想去！想要讓特攻隊的人聽到很多關於台灣的事。好嘛，我們三個人一起去。」

雖然為了說服母親花了一段時間，但在絕對不「陪酒」的條件之下，才終於得到她的同意。

隔天我們三個人，穿著那時候的女校制服，披巾式衣領加寬腰窄管長褲的打扮，從家裡出發。

我一副好像很熟悉的樣子，俐落地走入昨天來剛來過的鋪滿小礫石的玄關大門，不知情的姐姐們一臉訝異地說：「小芳妳心臟很大顆耶。」

不過就在玄關大門稍有猶豫的時候，大概是父親已經先打過電話了吧，一位和善且美麗的伯母出來迎接，接著立刻帶領我們到鋪有塌塌米的大宴會場。

事實上，這位名叫「阿松」的伯母，如果不是她，日後我也不會和我丈夫結婚……在某種意義上，對我來說她是我人生關鍵且特別的人物。說好「只有當晚」才前往的，在這之後她一直撮合我和特攻隊的人，是真正的「命運之人」。

不過，會以為她是「伯母」，是因為我還是小孩子，她應該是三十歲後半或四十歲的人吧。

宴會場裡桌子排成ㄈ字型，有二十名左右的年輕人已經在那裡開心地喧鬧著。我原本想像他們是像神一樣的人，因此做好覺悟，靜靜地走進去。沒想到怎麼與我想像中的不太一樣。

在宴會席最裡面的還有一個人，看起來是位老練的女侍。「過來這裡」，她向我們招手說著。我們三姐妹並排坐在正中央的位子。

隔壁一位身穿浴衣，盤腿而坐的大哥立刻上前打招呼。

「你們家在這附近嗎？」

「是的，沒錯。」

姐姐二人非常嚴肅，緊張地身體僵硬。我看了一圈在座的人，很難相信這些人就是特攻隊員。

這是因為他們的喧鬧方式和態度就和哥哥以前帶朋友來家裡飲酒聚會的樣子沒有什麼兩樣。甚至還被問：「你們是同學嗎？」等等荒謬的話，我驚訝地說：「怎麼可能！我們是姐妹啊！」「是喔，長得不像啊。難不成是種不一樣？」接著大家一起哈哈大笑。

將視線移開後，看到在我們姐妹面前擺放了美味的佳餚。那是平時少有機會看到的氣派料理。這裡的料理實在好吃，每個人又非常地陽光開朗，我完全忘記自己是來這裡做什麼的，整個人也放鬆了起來。關於學校的事、生在台灣的事等等，被問什麼就老實地回答。不只這樣，

「絕對不可以陪酒」這句母親的命令，也被吹到九霄雲外，幫大家輪流倒酒。

坐在旁邊的大哥，看我第一次雙手拿著酒瓶就說：

「用單手這樣倒啦。用雙手倒的話沒有魅力吧。不會倒啤酒的話是嫁不出去

的喔。」

他笑著一邊示範，甚至還一併教我將酒杯傾斜倚靠在酒瓶上，泡沫沒有溢出來，出色地倒好一杯酒。

宴會越來越熱鬧。

這時候其中一位特別陽光開朗的大哥起身，配合大家的拍手節奏跳起舞來。

「伊呂波的伊字怎麼寫？」

接著大家手打著節拍，

「好啊，該怎麼寫呢？該怎麼寫呢？」

齊聲嘻笑地說著。

然後這位大哥突然將浴衣的屁股部分折起一端，將屁股前端比喻為毛筆，在隔扇上模仿寫字的樣子，並唱著：

「像這樣、這樣，這樣寫的。」

那真是無法形容的姿勢，滑稽的模樣惹得大家哄堂大笑。我們也抱著肚子一起笑倒在地，突然他指著我說：

「芳子的芳要怎麼寫？」

這次指名要我當舞者。

大家捧腹大笑地說：

「好啊，該怎麼寫呢？該怎麼寫呢？」

如此逼近著我。

（這麼丟臉的事我做不來啦——）

我做好立刻要逃跑的態勢。

不過，我本來就因為頑皮而引人注目，加上天生不服輸的個性，（如果現在不做的話就不像我了），於是我站起來，

「像這樣、這樣，這樣寫的。」

我用著母親看到會昏倒，不成體統的模樣，在梅屋敷的隔扇上寫下「芳」這個字。

然而，就在那天晚上做了如此動作的我，讓剛才提到的「阿松伯母」留下非常深刻的印象。當天要回家時，不知道為什麼她只有「指名」我說：「小芳，歡迎你隨時想來就來。只要說『我來找阿松伯母』，他們就可以讓你進來了。」

等我明白其背後的原因，已經是很後來的事了。我很開心伯母這樣對我說，所以兩、三天後就隻身一人再度前往。

阿松伯母非常高興地說：

「今天有好吃的茶碗蒸，我拜託廚師也做一份給小芳喔。」

她一邊說一邊帶我到大家都在的房間去。

但是，就是在我一腳踏入宴會場的時候，感到一陣畏縮，身體僵在那裡。

在那間宴會場裡擺著麻將桌和象棋盤，大家各自採取陣地比賽，不過現場飄散著一股說不上來的僵硬的氣氛，讓我瞬間縮了回去。

那晚，我在大宴會場看到的，已經不再有鬆懈的表情，一片恐怖冰冷的氣氛覆蓋著整個會場。

人的心理會顯現在眼神上，那時候每一個人的眼神不知該說是寂寞，還是哀傷……。眼神中流露著好像什麼被銳化的樣子，讓我至今仍無法忘懷。

即便如此，就在我進去之後，「喔，台灣產的野丫頭來了唷！」大家這樣說著，把我加進一起玩撲克牌等等遊戲的玩伴。

在這之後，我也好幾次前往梅屋敷，不過遊戲玩得再怎麼起勁，也找不回第一次宴會當晚的開懷氣氛。

第5章 待命與訓練的日子

原本對我們而言，理應會有「明天」，而且「明天」會理所當然的不斷往前。這在和平的時代應該不用特意提起，是再平凡不過的日常罷了。

但是，對他們而言並非如此……而且完全失去「明天」的那一天會是「什麼時候」，或許有可能是明天、一個月後……都不知道。他們只知道，飛機，也就是隼戰鬥機送達之後，就是立刻出擊。他們必須慢慢地等待那天的到來。

據說，當時幾乎所有的飛機，都是在內地的中島製作所製造。不過想當然那時因為材料不夠，趕不及生產，所以即使特攻隊員被點名要出擊，也沒有飛機可以用。

我察覺到的，那股如同凍結一般的神祕氛圍，或許就是被附予死亡之人，等待「那一刻」到來的痛苦。因為好不容易等到戰鬥機送達之時……就是意味著迎來「自己的死期」。

那時候，在每個人臉上看到的，既不是覺悟，也不是放棄的平靜表情，在那背後，透露著一抹小孩子也能感受到的哀傷……

即便如此，只要開始玩撲克牌和花牌，就算只有一瞬間，他們的表情會變回專注於勝負、那種普通年輕人有的天真笑容。看到他們露出那樣的表情，我悄悄地鬆了口氣，表現得比平常更加調皮。

我想，或許是阿松伯母平時從他們身上感受到如此沉痛的氛圍，才會覺得我是那個最適合緩和這種場面的角色吧。

想來，如果我當時是十九或二十歲，也就是算得上是「女人」的話，彼此之間總會先意識到性別，可能就做不出如此天真爛漫的行為了吧。

話雖如此，不滿十四歲的孩子，要作為聊天的對象恐怕也還太小了吧……阿松伯母一定是再三考慮過這方面的事之後才把我叫來的。

在這期間，台北遭受到的空襲次數也愈來愈頻繁。特攻隊員不能有個萬一，所以所有人都離開了梅屋敷，轉移至位於台北西側邊緣的川端町，一處名為「台電俱樂部」宿舍裡。

川端町，是位在流經台北西側一條叫做「新店溪」的大型河川旁的一隅，跟市中心比起來，算是相當冷清的地方。從那之後，我就在義務勞動的空檔，騎二、三十分鐘左右的腳踏車，像是每日的例行工作，前往「台電俱樂部」。

「台電俱樂部」原本是台灣電力為了員工建造的招待所，正因為是電力公司，不用說廚房，連洗澡水都是用電加熱的。當時聽到「電熱水」，無知的我還在那裡擔心：「會不會觸電啊……」

眼前所見的「新店溪」，總是水波悠悠。不知道是不是受到地質的影響，台灣的河川總是不怎麼清澈。說起來像是溶有黏土般的色調。即使如此，這裡的環境還是非常美，從這裡能見到遠方有山，更重要的是和市區不一樣，環境極為寧靜。

阿松伯母，還有另一位「宇野伯母」都是負責照料大家的人。雖然比起在梅屋敷的時候，她們更加忙碌了，不過反而與特攻隊員的感情變得更密切，就如同「真正的母親」一般，受到大家的敬慕。

我事後才知道，特攻隊的人如果要寄信回內地老家，透過「軍部」寄出時，會有詳細的檢閱，觸及機密部分會全數被塗上墨汁遮蓋。但人民是可以直接將信件投入郵筒內，不會受到檢閱，順利寄達目的地。因為這樣，他們就經常透過伯母們或是我幫忙投遞信件。

這當中一定也有給在故鄉雙親的「遺書」吧……

那時候，每天幾乎下午到傍晚時分，在台北近郊的松山機場會進行極機密的特攻訓練。軍用卡車開來宿舍玄關前面，幾個人迅速坐上後車廂裡。我也經常在回家的途中搭便車，坐到附近的街區才下車。車子開到往機場的岔路時，我會請他們讓我連同騎去的腳踏車在這裡一起下車，然後一直揮手送走他們直到看不見卡車為止。

據說訓練以傍晚時分的攻擊方式為主，訓練時也是使用所剩不多的訓練機進行嚴格的訓練。

無法進行訓練的下雨天，就像以前在梅屋敷的時候一樣，大家在「台電俱樂部」宿舍的房間裡下圍棋、圍著麻將桌、排著麻將牌……在這種時候，大家會穿上宿舍準備的浴衣，看起來就只是一群極為平凡的年輕人聚在一起的感覺。

雖然我身處在他們之間，不過還是時常感受到似乎有股神聖的氣場。這些總有一天將從我面前逐漸消失的人們，他們彼此對此心知肚明，但從不將這份心情表現出來，就只是等待時間一分一秒地經過。現在回想起來，那時候的時間流逝是多麼地殘忍。

即使是現在，每當我回首那段日子時，總會不由得想起當時從他們之中窺見的，人類面對「死亡」的苦惱，以及與之對抗而散發出的崇高氣息。

在當時，有一個令人無法忘懷的場景。

在他們之中有幾位學徒出陣、中斷學業加入戰爭的軍官，他們四人經常打著麻將。他們一邊移著牌，一邊和坐在旁邊，與專注地看著他們打牌的我聊起許多事情。

有一次，其中一個人問我：

「小芳，你知道米勒這位畫家嗎？」

「就是畫〈拾穗〉和〈晚禱〉的人唷。他現在很有名，是全世界都知道的人物，但他到死之前一直是畫作賣不出去的窮人。」

我心裡一邊「哦——」，一邊聽著他說時，對方又將心思移到輸贏身上去，話題一度中斷了。

於是我等不及催促著問：

「喂，所以是怎麼樣？」

「吵死人的囝仔……現在可是決勝負的關鍵時刻吶！」

他如此說著，認真的眼神凝視著成列的麻將棋子。「囝仔」，是台語「小孩子」的意思，要說的話，大概就是「乳臭未乾的小鬼」。他用著剛學到的這種詞彙應付我，過了勝負的關頭之後，便以平淡的口氣跟我說：

「米勒在死後終於被世人認同，那樣優美的畫才被全世界的人知道。人在活著的時候即使沒有得到回報，但只要他做的是了不起的事，是可以被流傳到後世的。」

那時候我只覺得：「哦——是這樣啊。」腦海裡模糊地浮現出那幅優美且溫暖的〈安吉拉的鐘〉畫作。現在想起來，他們應該是面對眼前的死亡，希望自己的戰功也在死後被流傳為佳話，所以才如此鼓勵自己的吧……我忍不住這麼想。

在這之後，晚到的隊員也來到台電俱樂部與他們會合，台電俱樂部變得更熱鬧了。阿松伯母們也越來越忙碌，我偶爾也會有樣學樣地學著伯母幫忙做事。

那時候我的母親為了躲避空襲，帶著年紀還小的弟妹去到郊外，一座有點高的山。一行人在山的中腹處的一棟小屋裡，開始過著避難的日子，所以我才能夠隨心所欲的行動。如果不是這樣，我應該沒辦法總是在外閒蕩。

阿松伯母對我說：「小芳，媽媽不在會覺得寂寞吧，就讓伯母來代替妳的媽媽吧。」然後請廚師做給我和特攻隊員如同往常一樣美味的食物。這當中也有過「今天已經很晚了，就住下來吧」的日子。我就和伯母兩個人睡在小房間裡。

當晚，恰巧空襲警報作響，大家同時間跳起來，而我卻睡意朦朧，覺得起床很麻煩。然後阿松伯母也說：「不然這樣吧，反正等炸彈掉下來的時候再說⋯⋯我們睡吧。」兩個人就這樣繼續睡覺了。

阿松伯母很早就看出我什麼都不怕、天真爛漫的特質，希望可以藉此稍微緩和特攻隊員們緊繃的精神，所以才把我叫來的吧。但即使如此，為什麼她會這麼地疼愛我呢……或許是和她很合得來吧。我想，如果不是伯母，我也不可能和特攻隊的大家有著這麼深的交流。

伯母是個輪廓很深、擁有異國樣貌的人。從小孩子的心裡就看得出來，她年輕的時候一定是個美人。她穿著和服的樣子非常美艷。說起來，我一次也沒有看過阿松伯母穿洋裝的樣子。不管再怎麼忙碌的日子，她也是整齊地穿著和服，在上面扎扎實實地綁著寬腰窄管長褲的繩子，總是一副精明能幹的樣子。身材也在當時女性中是少有的苗條修長，但我最喜歡的還是她那溫柔的聲音。

大概因為我是小孩子的關係吧，伯母到最後都沒有提過自己的遭遇。從她一直住在那棟宿舍，一天也沒有休息地工作來看，大概身邊的家人都已經不在了吧。

反觀我有十位兄弟姐妹，下面還有好幾個年幼的弟妹，想要獨占母親是不可能的事。所以能像這樣對阿松伯母撒嬌，我打從心底覺得高興。現在回想起來，這是我一生中最滿足的時候，不過還真的只是短短的「夢一場」。

就在某天，在台電俱樂部的大宴會場舉辦了一場表演。

當時經常有小型劇團的人稱作「軍事慰問團」，巡迴表演戲劇給軍人觀賞。當天也有幾位剛配屬到台電俱樂部的特攻隊員也加入表演，氣氛變得相當熱鬧。

我的兩位姐姐也被叫來參加，三姐妹好久沒有這樣一起看戲了。

對我來說，這天的表演為我帶來兩個命運的相會，是場意義非凡的活動。

即使過了六十五年的今日，我對這天的表演曲目叫做〈月形半平太〉這件事都還記憶猶深。

為什麼呢？因為沒想到，當天一起看戲的一位新加入隊員，我和他在八年後結婚了！

但是在那個時候，不，即使是在那之後我們一丁點也沒有對彼此帶有這樣的情感。只是對方好像一臉驚呆地看著我：「這女孩也未免太瘋狂了。」

話說這天的〈月形半平太〉，總覺得是場幼稚的表演，看久了讓人感到疲勞且無聊。但是我們姐妹占了會場的最前面的位置坐著觀看，沒辦法中途站起來，因此一邊蠢動著麻痺的雙腳，一邊忍耐著。

就在這個時候，好像有什麼東西從後面滾來，咚地一聲撞在我的屁股上。我嚇了一跳回頭一看，在後面的兩位隊員互看著對方竊竊地笑著，然後看著我這裡。滾過來的是一顆大橘子。

「好啊，你們！」

我嘟著嘴，瞪著他們兩人。

朝我丟橘子的，是後來成為我丈夫的中田的摯友，名字叫做塚田的人。我們三姐妹坐在前面，完全沒有回頭看的意思，所以調皮的塚田就用橘子來攻擊我們。

塚田和中田是出自同一間航空機組人員訓練班，兩個人也都是出身神奈川，是無法取代的摯友，一路上在緬甸與南方戰線共同作戰。

但是之後，只有塚田先出發進行特攻出擊，留下來的丈夫即使與他約定好：「我也馬上就跟去！」卻因為不久後迎來了終戰，就這樣一個人殘存下來。

我上面姐姐年紀十九歲，這個時候，想必他們幾乎目標都放在她身上吧。

因為那顆橘子，讓我和初次見面的隊員們立刻打成一片，表演結束後圍繞在會場的笑聲，讓天花板都要翻掉了。

第６章　相遇

就在那個時候，我第一次見到「高田豐志伍長」……

直到剛才為止，還只是坐在會場一角看著演出的他，不知道什麼時候加入喧嚣的大伙之中，而我卻絲毫沒有查覺。

初次見到高田的瞬間，他那銳利的眼神至今讓我難以忘懷。在那之前，我在宿舍的會場中一直被隊員們圍著喧鬧。而高田不發一語地靠了過來，用著凌厲的眼神，簡直像是看著猛獸一般地，凝視著我。

我馬上就看得出來，高田跟其他隊員相比之下較為年輕。他那似乎有種虛張聲勢的感覺，讓我覺得有點奇怪。這是因為，周圍的大家不是軍官，就是曹長等軍階，而高田則是當中軍階最低的伍長。

除此之外，讓人印象深刻的是，雖然他有著如弓箭般銳利的眼神，但是相反的，他那像蘋果紅潤般的雙頰很討人喜歡。身材也並不是很高挑，看起來還只是個少年。

（這個人，一定是在雪國長大的吧……）記得我心裡這麼想著，情不自禁地微笑，心情也跟著放鬆了。

雖然他年僅十九歲就離世了，但當時對我這個十四歲的女學生來說，即使現在已經要八十歲了，他仍然是個我無法忘懷、非常重要的人。

不過即使如此，如果要問我當時是不是喜歡他呢？這我就有些遲疑了……。

這是因為我還只有十四歲，還完完全全是個像男孩子一樣的女學生，要萌生喜歡對方這類的情感還早得很，再怎麼說我對於這種問題本身就先覺得很尷尬了。

十四歲，就是這種年紀的時候啊。

那時候，大家很熱衷唱流行歌，用現在的話來說就是唱歌謠曲。在台灣有一首大受歡迎的歌曲叫做〈莎韻之鐘〉，它是一首描寫台灣原住民女孩悲戀的歌。我把它拿來教大家唱。七、八人圍坐在一起，彼此張開嗓門唱著。

暴風雨吹襲著，高峰山谷，
洪流岌岌可危衝擊著，獨木橋，
那過橋的美麗姑娘是誰呀？
紅紅的雙唇，啊啊，莎韻。

〈莎韻之鐘〉

我非常不喜歡那句「紅紅的雙唇」。因為會讓人聯想到女性成人的性魅力，讓我覺得不雅。

「『紅紅的雙唇』，很討厭耶……紅色是因為塗口紅的關係吧。好噁——心喔！」

正當我這麼說時，有個人突然插話進來：

「女人的雙唇都是紅的。你是男的，所以才不是紅的吧。」

半帶著輕蔑的嘲笑插話進來的人，就是高田。

我記得，我很不高興地反瞪回去與他爭論，但是我說了什麼，已經記不得了。不過因為這個機緣，不知道為什麼，從此之後我們變成了「要好的吵架夥伴」。就從那天開始，從四月初到五月十三日，這不足一個半月的時間，我們留下了許多回憶、那是一輩子也無法忘懷的悲傷回憶。高田留下了這些，就前往沖繩出擊去了。年僅不過十九歲而已……。

一開始是那樣口出惡言、總是找藉口來跟我吵架的高田，之後不知道是因為什麼事情，開始會頻繁地來我家玩了。

但是他來我家，大概都是和父親來場喝不完的酒宴。

父親因為三個兒子都上戰場去了，所以應該是藉由高田來思念戰場上的兒子們吧。加上他也想要有個一起喝酒的對象。父親毫不吝嗇地拿出珍藏的威士忌，一直向高田勸酒。

那時候為了預防空襲，燈火照明一概不准使用，所以我們用黑色的布將電燈包覆起來，在昏暗的光線下圍著餐桌，微弱的光亮只能看得到手邊的距離。他們就在如此的狀況下在傍晚時刻克難地喝著酒。父親是相當能喝的人，高田也表現出他酒豪的一面，實在厲害。而且高田能夠完全保持著理智，一如往常顯露出傲人的氣概，滔滔不絕地發表意見，與父親你來我往，勢均力敵。

轉念一想，在宿舍的時候，他身邊幾乎都是長官，想必他是二十四小時都處於緊張狀態，所以總會有精神疲勞的時候吧。

從我家到台電俱樂部，我騎腳踏車需要近三十分鐘的距離。我想這樣的距離，要來回應該很麻煩吧。但是對高田而言，他在我家可以很開心，最重要是可以盡情的說話、耍威風，算是唯一一個可以消除壓力的地方吧。

有一次已經過了午夜他才要回去，我還送他到稍遠一點的平交道。

我們默默地走在月光高照下的台北市街，他突然說：

「小芳，如果你有機會回去內地的話，能幫我把圍巾和大家集體繡字的手帕交給鄉下老母嗎？」

那是個無法回答好或不好的要求，聽起來還比較像是命令的口氣。

說真的，我從其他特攻隊員身上，偶爾會感受到他們與死亡面對時產生的神聖氣場，但不知道為什麼這種氣場我一次也沒有從高田身上感受到。

我們只要見面就開始吵架，就是因為我們是這樣相處的，在我們之間有著太過的人性，我才認為：「不管發生什麼事，只有這個人根本不會死吧……他不可能死！」

因為他總是一副瞧不起人，又充滿自信的態度，而且他明明年紀不大，卻不知為何冷靜而從容，所以從他身上只感受得到強韌的生命力。

（即使到了最後的最後，這個人還是會活下來！即使全日本的軍人都死了，不用說也只有高田會苟延殘喘地活下來！）

或許這是我無意識地在說服自己，不過我當時確實是這麼認為的。所以當突然被說了一句「希望將我的遺物送達」這類意思的話時，我也只是輕率地答應說：「嗯，好啊。」這就是當時的我。

那晚，我打算送他到附近的平交道，不過卻又稍微走了一段路。結果高田擔心我的安全，又陪我折回到家裡附近，然後一個人在明月中獨自回去。

每當我想起高田，我總是搞不懂有關他的幾個謎團。其中一個就是，為什麼他要把圍巾和大家集體繡字的手帕等遺物託付於這樣的我呢？

姐姐們也已經是大人了，一般來說不會拜託我這不可靠的十四歲少女，應該是拜託哪個姐姐才是。

說好的東西，隔天高田就拿來我家了。當中也有高田一家的相片。圍繞在穿著軍服的高田身旁，有他的雙親和可愛的弟弟。

雖然我在事後才知道，這張相片是高田決定參加特攻隊之後，雙親前去熊谷機場的駐留地會面時，認為彼此已經不會再見面了。這張是為了當作最後的紀念，才到街上的相館拍攝的珍貴的家族照。

在我收下這些遺物的時候，我也完全沒有想過高田會死。

更不用說我做夢也沒想到，幾十年後我會帶著這些遺物，拜訪高田在富山的老家，並且去掃他的墓。

高田豐志伍長和家人一起拍攝的最後一張相片。

中田的摯友，因身為特攻隊而死亡的塚田方也軍曹。

第 7 章 剎那間的青春

雖然時光短暫，高田還是為我留下許多回憶才離世。

在他借宿的台電俱樂部前，有條新店溪，我們兩人經常在那邊划船。那裡原本有租船場，不過正值戰爭期間，也不會有人搭船，只剩繫在岸邊的舊船，寂寞空虛的浮在水面上。那一帶總是萬籟俱寂，鴉雀無聲，安靜到讓人覺得戰爭根本不存在，恬靜悠閒的景像一望無際。在我遠眺著無遠弗屆的山脈，小船划到河中央時，高田慢慢地放下船槳，始終無聲凝視著遠方連綿的山景。

眼前之景，與懷念的故鄉風景重疊在一起，他腦中應該是浮現了再也無法見面的家人吧。身處異鄉，而且還即將離世遠去，在僅有十九歲的年輕人心裡，此時是多麼的糾葛啊……

不過對當時的我來說，高田離世這件事再怎麼樣也不可能會發生，所以我由著我隨心所欲、任意妄為、天生叛逆的本性，在大家面前說我想說的話，做我想做的事。

高田也是這樣的人。即使其他的特攻隊員們會在台電俱樂部宿舍的房間裡，安靜地下圍棋或打麻將度過閒暇時間，但高田不會加入他們，多是自在地做自己的事。或許我們原本就是不想被框架限制的「同類」吧。

在搭船處有一個讓人難以忘懷的場景。

某天，我如同平常一樣先坐上船，高田解開繫在木樁上的繩子，把船往外推，敏捷地跳上船後，立刻開始划動船槳。

當天天空陰暗，一副馬上就要下雨的樣子，但高田卻不在意，不斷地加快速度往前划，划到河川中央時，把槳放下讓船停住，用著與平常一樣的表情，靜靜地凝視著山脈。

不知道過了多久，坐在面向船頭位置的我看到了高田將視線轉回來的瞬間，臉上露出一股至今從未有過的嚴峻表情。與其說是嚴峻，應該說是悲痛……吧。他原本就是個眼神淩厲的人，但我看得出來，他那一直在壓抑著想大叫的樣子。

這時，我第一次，也只有過這麼一次，腦中閃過「這個人終究是會死的啊」的想法，至今我仍記得這件事。那時候完全沒有任何像平常一樣的開玩笑或揶揄交錯的氣氛，只想將心中巨大的異物給吐出來！高田一副被逼到盡頭的表情，默默地注視著我。

如今想起來，那時高田應該是想大聲喊出：「小芳，我，並不想死啊！」或是「我也想要有青春！」

那個時候，如果我成熟一點的話，就能察覺到高田的心情，並且溫柔地說：「你可以跟我說說真心話哦，在這裡沒有其他人會聽到。」然後陪他一起哭……。事過境遷，現在我心中只有著無限的悲傷與後悔。

但是過了一會兒，高田像是擺脫自己似的，握著船槳再度以強烈的氣勢開始划船。剛才嚴峻的表情漸漸地淡去，回到平時一副自信滿滿的大哥模樣。

題外話，高田託我保管的遺物，我後來送去他在富山的老家，不過那居然已是戰後四十六年的事了。時光飛逝，這時我已經是有孫子的老奶奶了。

當時，家屬的弟弟給我看了他唯一留下的遺物，是一本封面寫著「歌集」的大學用筆記本。據說終戰隔年寄到家的骨灰盒子裡頭，只放了這件物品。

筆記本裡密密麻麻地寫下了從昭和十八年到死去這三年間的短歌。

開頭寫著：

「一日一首，以此冊增益修養，以此冊作為遺集」。

三年間，即使輾轉至各個戰場，高田一日都不曾停止創作的痕跡，紮紮實實地用筆鋒留了下來。

其數量有七百八十三首，每一首歌皆是思念家人、為國犧牲感到驕傲而歌頌的純潔短歌。

若有災禍降臨，為了皇國的天空我將不惜一切，為國家而戰。
我作為男兒身，為國家綻放而散落才是愉快之事。
儘管世俗無常，今天的生命就如明日之露水般短暫。
我將以純潔的血守護在天皇身旁，保護八洲的疆土。
越過青色大海，征服遙遠的菲律賓，拓展日本的道路。
想念母親和妹妹，仰望黃昏中寂寞的十六夜之月。
嘆息那因為激爭而築巢在白牆上的彈痕。
故鄉在五月的雨中，今日也是要插秧吧，我的父母。
淅淅瀝瀝如夢般降落的春雨中，聽得見今年的青蛙叫聲嗎？
無論散落在何處，國家的記憶永存於心，真心從未改變，努力奮鬥吧！
黃昏時分，點燃明燈，青蛙鳴叫，思念故鄉的山間田野。
雖是常夏之地卻感寂寞，冷冷雨水如絲綢般不曾停歇。

年幼卻年邁的手緊握武器，守護神聖之國之國土。

狂風吹拂著晴朗的天空，雖未能見到櫻花，但願至少留下芬芳。

從朝鮮開始到南方各地，收到一只命令就異動的期間，這本短歌日記一天也沒有停筆過。這本歌集如實地傳達了，死亡迫在眼前時，他是如何生存下去的。

我在高田的老家看到筆記本時，怎麼樣也按捺不住心中的激動。

（與我相處的事情，他是如何描述的呢？）

與高田相遇是昭和二十年（一九四五年）四月初的時候，他出擊是五月十三日。我心中忐忑不安，用著祈禱心情一頁一頁翻著筆記本。

但是，翻到筆記本最後那一頁寫著「昭和二十年四月」時，我啞口無言了，在這裡筆跡就嘎然停止。

也就是說，在這之前不論是在什麼情況，他都嚴守著自己訂下的創作習慣，但自從台電俱樂部與我相遇那時起，他就完全放棄了這本歌集。我腦中一片混亂，好像是翻出了什麼謎團一樣。

到底在他心中起了什麼樣的變化呢？

最不可思議的是，即使是一有空閒就與他一起行動的我，當時不要說他坐在書桌前，連寫下什麼的場景，除了「集體簽名」（寄せ書き）之外，我是一次也沒有見過。

所以我從來也不知道他是個如此出色的詩人。

那天在乘船處看見他苦惱的表情，或許是對放棄了三年間未曾怠惰書寫的「短歌日記」感到慚愧吧？在這之前，即使身處戰場這種極端狀態下，也一直在書寫的短歌創作就這樣中斷，無憂無慮地和女孩子一起划船，他是否在苛責這樣的自己呢？

不，我並不這麼認為。

至今為止，他在軍隊這個框架裡與死亡為鄰，累積了戰場經驗，腦中除了戰爭之外沒有別的，某天突然輾轉來到過著「極為普通生活」的台灣，看到了與之前遠遠不同的現實。而且，又遇到了天真爛漫的野丫頭，瞬間像是魔法解開一般，回到了「人類原本的，溫順又寬厚的心靈」……。

從這一路走來的漫長歲月中甦醒，「差不多了。我已經完成該做的事了。就在這裡，將一直束縛在身上的鎖解開吧。」他或許是這樣想的吧。

然後，要是不加思索地想得再更深層一點的話，他那「想要活下去！」的心願，這個至今為止一直被封殺、被封印的「對活下去的欲望」，突然間萌芽了也說不定。

如此解釋對死去的高田是太過失禮、傲慢的想法吧。

之後，高田的歌集在戰後三十多年的昭和五十一年，被東條英機大將[7]的夫人看到，她甚是感動，寫下以下的文章。

先前拜讀了平泉老師的月刊誌《日本》，得到了諸多教誨，其中在二月號中有篇〈若鷲之歌〉，刊載了許多篇由一位出色的少年（飛行員）創作的和歌遺作。

此人為過去的太美村，現今福光町的高田豐次郎氏的長男，儘管最後戰死之時是在二十歲生日的前二十天，寫下了一點也不輸以往、出色的武士之歌。從出生地的風景、幼年期的家庭教育，到入隊後的飛行學校教育等等成果。因為太過於出色，當我寫信給釜田老師，請下次見面時多加關照時，他立刻與我見面，並且收到豐志君父親的信（後略）。

東條勝子

這些高達七百多首和歌，他徹底隱藏了這些心情，在生命燃燒到盡頭之際，還陪這樣的我天真地遊玩，日復一日。即使是這樣，那幼稚的我，連他一丁點的心情都無法察覺，如今回想起來，我對於自己終究不過是個孩子而懊悔不已。

7（一八八四—一九四八年）太平洋戰爭期間的首相兼陸軍大將。昭和十五年成為陸軍大臣後，提倡進軍南方。昭和十六年，發生太平洋戰爭後鞏固其獨裁體制，昭和十九年，因塞班島大敗，內閣總辭。昭和二十三年，受遠東國際軍事審判，被處以絞刑。

那段時間，真的只有剎那間而已，但卻是會讓人想起青春一隅的快樂時光。彷彿是照亮著高田短暫生命的餘暉一樣閃閃發亮。我至今仍可清晰地回想起來。

某天，電話響了，他說：「我們去看電影吧。」

那個時代的校規很嚴格，沒有父親、兄長陪同是不能進電影院的。更何況是與男性兩個人什麼的，要是被發現將立刻被要求召開職員大會，處以禁足等等，會是一樁重大情事。不過，我還是想去，於是就爽快地答應說：「嗯，好啊。」被發現的話，就說「他是我哥哥」來蒙混過去就好了。

很難相信正值戰爭期間，即使是發布警戒警報令當中，電影仍持續上映。但如果響起空襲警報，就會立刻中止播映。只不過，外國電影是「敵國的東西」，不管是哪一間電影院都是禁止上映的。那天我們看的是一齣叫做《山祭梵歌》的鬧劇電影，我一點都不覺得有趣，而且雖說是戰爭期間，卻是高朋滿座。

更不用說我們是中途進場，所以只能站著看。

但是他幫我找到一個座位說：「小芳，坐吧。」我們兩人暫時分開座位看著電影。果然高田也覺得無趣吧，電影快結束的時候就對我說：「走吧。」

我將寄放的腳踏車牽出來給高田，像平常一樣跨坐在車子後面貨架上的這個時候，粗魯的憲兵不客氣地靠過來，一把抓住腳踏車半邊的手把，開始大聲地怒吼。

「你這傢伙，明明是軍人，在這種非常時期帶著女人想幹嘛？」

（怎麼辦！被抓到啦！）我嚇得臉色鐵青。

對方是軍官級的憲兵，我想大概是中尉吧。我方則是軍階遠低於對方的伍長，而且高田說起來還是個柔弱纖細的小個子。怎麼看都不會有勝算。

（啊啊，變成一樁麻煩事了！如果被學校知道該怎麼辦好呢……）

然而，高田表現出毅然決然的態度，抬頭挺胸地向對方說明：

「本人是隸屬陸軍第八飛行師團的特攻隊員，目前為待命中的身分。這位是承蒙關照人家的女兒，我現在正要送她回家。」

但是，這種說詞憲兵是不會放過我們的，甚至還要吹毛求疵。

高田一句一句冷靜地回答，但就像在火上加油一樣，惹得對方火冒三丈。

周圍聚集了剛從電影院散場出來的客人，他們圍作一道人牆，說著：「喔！事情好像變得越來越有趣囉。」將腳踏車和我們三個人團團包圍住。

這些人露出一副看熱鬧的表情，感覺是樂在其中的，看著這場騷動越演越烈。

正當憲兵更進一步咆哮時，高田原本一句一句回答著，不知道為什麼他的眼睛轉向上方，觀望著天空，眼睛細長地不斷瞄著一片雲也沒有的天空。

這樣的態度再度惹火了憲兵，就在對方看起來忍無可忍的時候。

「有敵機！」

高田指著後方天空的一點，一面大聲喊著。這時巨響傳自空中遠方，但已能隱約地看見像豆子般大小的機體。

高田的耳朵很靈敏，即使正被憲兵怒罵著，還能迅速且精準地判斷，這個巨響不是日本飛機會有的。

憲兵的表情瞬間愣了一下，他抬頭往天空看，大喊一聲：「你這騙子！」，再度擺出懷疑的眼神瞪著高田。

就在這個時候，街上忽然響起了空襲警報的警示音。那是一種令人感到不舒服，以短暫間隔重複播放的警報聲。這回輪到這位憲兵大吃一驚。他臉色一變，開始朝著圍觀的群眾們呼喊著：「是空襲！快避難！」其實不必等到憲兵開口，群眾起了很大的騷動，就像小蜘蛛四處逃竄一般逃離現場。

就在一片混亂中，高田迅速地跨上腳踏車，在我的耳邊小聲地說：

「就是現在！小芳快坐上來。」

我像平時一樣，輕快地跳上車子後方的台座，不論高田用多快地速度騎車也不會摔下來，我的雙臂從高田的背後緊緊地抱住他。

高田高速地踩著踏腳板，速度快到讓人不敢張開眼睛。高田上氣不接下氣的，在空襲警報中的街上，騎著雙載的腳踏車不斷地逃跑。

或許是這段過程太過緊張刺激，我們兩個人忍不住捧腹大笑……。

我模仿憲兵的口氣大喊說：「你這傢伙，這種非常時期在幹什麼！」高田也同樣模仿憲兵囉哩八囉嗦反覆質問的樣子說：「跟長官說話你這是什麼態度！」等等。他連對方帶有點鄉下腔的語氣都模仿得一模一樣，逗得我開懷大笑。

晚霞將盡的台北街頭，在空襲警報之下，椰林成蔭的大道上幾乎看不見人影，因此比往常還要更加寧靜。在那台灣特有的酒紅色中帶著紫色的夕陽之下，我倆飛快地逃跑，從那可怕的憲兵手中，平安逃脫出來。這件事情大大彌補了那天無聊的電影，還過之而無不及，就是這麼有意義的事情。

那個時候，兩個人是這麼高興地騎著腳踏車，而我怎麼也無法想像，我們兩個人即將迎來悲傷的離別時刻。

我能夠與高田相處的，最後的日子，已經迫在眼前……。

進入五月之後，行道樹更加綠意盎然，可說是進入了台北最美麗的季節。就在這樣的時節，那一天到來了。

那天，我如同平常一樣騎著腳踏車，奔往台電俱樂部。時間上比平時稍微晚了一點。

到了俱樂部後我馬上去看了一下高田的房間，但是難得他不在。

我問阿松伯母：「高田呢？」她笑著說：「有客人來唷。三位銀行的小姐們來找高田玩。高田很有男子氣概，所以才這麼受歡迎呀。」

（什麼嘛！）我雖然沒有說出口，心中的悲傷卻更勝於嘴巴上的懊惱。

伯母裝作一副沒有察覺到我心情的樣子，繼續說下去。

「小芳，不然妳到樓下的房間找中田或塚田玩呢？他們剛才在玩撲克牌，請他們讓你加入啊。」

我默默地前往二樓的房間。因為想到一直以來客人大多都會來這裡。

走在樓梯的途中，就聽見女人尖銳的笑聲。

我偷瞄了一下，被三位妝化得漂亮的上班族小姐圍繞著，出奇地害羞，還有點裝腔作勢的高田就在這裡。

他立刻就發現我，高舉一隻手對我招手說：「唷！」，接著馬上將視線回到上班族小姐們身上。聽對話的內容好像是決定了等一下要去街上，一起吃晚餐。「那麼，我們出門吧。」小姐們一邊說一邊起身。高田也先回到自己的房間。

高田不在的那段期間，三位小姐們都非常開心，聊天的樣子完全就像是雲雀之類的鳥兒在啼叫的感覺。她們每一個都輕快活潑、光彩奪目的樣子。

這時準備好要外出的高田進來了。我無精打采地倚靠在樓梯的扶手，高田好像突然察覺到，接著對我說：「小芳可以一起來啊。」我踟躕不前，提不起勁，不過聽到他約我還是很高興，所以我一邊輕輕地點頭說「嗯」，一邊沿著樓梯走下來。

高田和三位小姐出門後仍是歡喜雀躍，用現在的話來說，就像是一群參加聯誼的年輕人正在喧鬧著。高田被漂亮小姐們包圍著，反常地一副輕飄飄的樣子。

不過想想這也是正常的。這幾位適齡的，也就是妙齡的小姐。再加上她們在銀行工作，既優雅又富有知性。相比之下，用現在的說法，我只是個留著娃娃頭，且狂妄自大的中學二年級女生。加上頭戴著防空頭巾、背上繫著束衣袖帶子、穿著寬腰窄管褲，一副俗氣女孩的樣子，說什麼也無法和她們相比。

但我還是跟在他們後面一會兒，雖然走得稍微慢了一點。

高田有一、兩次回頭看我，但好像並不是他的本意，隨即又回到小姐們的圈子內，還不時被朗朗笑聲包圍，心情非常好。

他那副意氣風發的模樣，即使從背後也看得一清二楚。

我的忍耐也已來到極限。

我加快腳步接近高田，從他背後用著不客氣的語氣說：

「小芳我，要回去了！」

話說完，迅速一轉身……正想這麼做時，那天剛好著木屐，不太能使出靈敏的動作，不過還是頭也不回自顧自地跑走了。

高田立刻追了上來。

然後，突然抓住我的肩膀。

「你是笨蛋嗎……，幹嘛生氣啊，我們一起去嘛。」

他這樣說。我幾乎一副要哭的樣子，將放在肩上的高田的手撥開說：

「我不要去！我最討厭高田了啦！」

說完，我又跑走了。

（他一定又會再追上來。）

我心中這麼認為，又將木屐喀噠喀噠跑得滿聲響。

這次再被攔下來的話，我就乖乖地跟他們一起去吃飯，我是這麼想的。

不過，好像有點奇怪。高田沒有要追上來的意思。

我戰戰兢兢地回過頭看。那裡一個人也沒有，只有夕陽照映下，椰子行道樹的長長影子扎在地上，好像被開了一個洞的空間裡，開始散發著黃昏的氣息。突然，一股哀傷湧現，幸好四下無人，我放聲嚎啕大哭一路奔馳回家。

不過那天回家後，我並沒有向家人提起這件事。因為我覺得吃高田的醋什麼的，那是非常可恥，難以啟齒的事。

到了隔天、再隔天，我仍在賭氣。每天都去台電俱樂店的我，在強烈的憤怒之下，就將自己關在家裡。

過了兩、三天後的某天，從學校回來的姐姐說：

「小芳，今天早上高田有打電話來唷。」

我鬆了一口氣。心裡非常高興。

（高田不跟我說「對不起」也沒關係，我們還是和好吧。）

我開心地正要打電話給高田時，姐姐說：

「不過很奇怪耶，這個高田，說什麼請幫我跟小芳說再見。」

……難道是！我有種不好的預感。

我撥著轉盤，阿松伯母接了電話，低聲說：

「小芳……高田今天早上接到出擊命令已經出發了。與軍官們共三人，中午過後就從這裡出發前往機場了。」

這是不管怎麼後悔、再怎麼後悔，也無法挽回的悲傷離別。就像那天，高田抓著我的肩膀說「你是笨蛋嗎？」的話一樣，我真的是一個笨蛋。

就算再怎麼哭眼淚也停不下來。即使是現在我打著這段文字，想起六十五年前那天的事我仍然流著眼淚。

「把遺物交給我母親」，雖然我被這樣交代，但連地址都還沒有問就這樣分別了。只有「這個人絕對死不了！這類輕易亂下決定」的自己，真是沒用。事到如今，我還是無法原諒這樣的自己。

究竟，高田是用什麼心情，打電話給我的呢？

是在慌忙出發當中，或是赴死地前空出最後一點點時間，為了我撥著轉盤的他的背影、他的手指……，到現在還浮現在我眼前。從姐姐口中聽到我不在的時候，他是怎麼想的呢……。如果接電話的是我，他又打算跟我說些什麼呢？不過，毫無疑問地，直接聽到「再見」之類的話，我一定受不了。我剛好不在家，或許也是命運吧。但即便這是神對我的照顧，高田一定還是希望我能接電話，這是無庸置疑的。現在仍是越想越是懊悔。

高田三人出擊的地點是台灣東北部的「宜蘭」，是個現在連一點痕跡都不存在的小飛機場。他們從這裡越過海洋，俯衝沖繩西方海面上的敵方艦隊。

三人當中有二人是少尉，是藤嶺圭吉少尉與須藤彥一少尉（每一位在戰後皆升格為大尉）。

有關舊式軍階，我想現代人應該不太清楚。以「元帥」為首，底下一直到二等兵為止，實際上有著分明的軍階名稱。順帶一提，如果從下面數上來的話順序是，二等兵、一等兵、上等兵、兵長、以及「伍長」。

從「伍長」依序是軍曹、曹長、准尉，再之上是「少尉」，也就是他們之間的階級差距極大。

為什麼只有高田豐志伍長與在他之上的兩名「少尉」為伍一同出擊呢……詳情至今仍是個謎，不過可以知道的是，他出自少年飛行兵第十三期。而另一方面，二位軍官被稱為「特別操縱見習士官」，是大學出身的志願者，也就是所謂「學徒出陣」的人。一定是高田伍長即便軍階比這二位低，但擁有不輸他們的技術吧。

在我手邊還留有一條手帕，上面有大家的集體簽名，是大家還留在台電俱樂部時，我請他們寫的。即使大家只有二十歲左右，其筆鋒之銳利，字跡之漂亮，讓人驚訝。

在這些軍官們寫下一行一行的辭世之歌及名字後，在一處小空位上，客氣謙虛地，不過也是用相當出色的字跡寫著「陸軍伍長　高田豐志」之名。

這天在宿舍請他們集體簽名的光景……那是個陽光照射下明亮的下午，如今仍然鮮明地甦醒著。

第8章 離開台灣

之後，如同缺了牙的梳子一般，特攻隊的各位一個接一個離開台電俱樂部，從我面前消失了。話雖如此，飛機仍舊沒有抵達，據說他們在台灣東部的基地「花蓮」等待進一步的命令，過著坐立難安的日子。

從那時候開始，空襲警報聲比起之前更加頻繁地在台北上空響起，不論哪裡都開始蔓延著一股壓迫的氛圍。

我已經幾乎無法聽見父親他們憂慮戰爭的聲音，也無法窺見他們以往的銳氣。周圍的大人們，每個人光是要平安過日子就已經很吃力了，大概在那個時候，已經沒有大人相信日本會贏得勝利了吧。

昭和二十年（一九四五年）五月三十一日的空襲，是場規模最大的空襲。來自B29[8]的波狀攻擊，一日數次恫嚇著台北的市街。總督府、台灣銀行、軍司令部，甚至是大學附屬醫院等等，接連被投下五百公斤重的炸彈，受到嚴重的損壞。我們的女學校，一高女也成為標的，在正門旁落下一顆大炸彈，造成校長不幸犧牲的悲傷事件，是淒慘的一天。

不過那天，父親卻鐵口直斷地說：「今天炸彈絕對不會掉落在我們家。」父親平常就是個有著奇異靈感的人。他身體弱不禁風，看上去一副好說話的樣子，不過一旦話說出口就是固持已見的人，正因為是鹿兒島出身，可說是保有所謂九州男兒性格。

我們姐妹三人一直躲在防空洞裡，對遠方落下的轟隆炸彈聲感到畏懼。不過父親卻悠哉地煮飯，做了飯糰送進防空洞裡。最厲害的是，他最喜歡泡澡，經常在大白天就自己燒水泡澡，用炭鍋燒水很快就能沸騰。即使那天正在空襲，他仍然泡澡，真是讓人吃驚。

從此之後，我們徹底成了父親「預言」的信徒。

那時學校持續放假，最後我們姐妹與疏開的母親會合一起生活。疏開地在台北郊外略高的小山中腹，是覆有簡陋鐵皮屋頂的五間連棟長屋。連鄰居的對話都聽得一清二楚，完全無法奢望能有隱私的環境。不過，周邊身處大自然，是個不愁玩樂的地方。

山腳下有個巨大的池子，我每天在那裡游泳，被曬得很黑，有時候我會說是「探險」，越過一座山頭去偷看隔壁村子的樣子。

台灣人的農家們將樸素的桌子擺在院子裡，經常在院子的桌子上吃飯，有人

8　B29：由美國的波音公司所設計、製造的大型轟炸機，綽號「超級堡壘」，是自第二次世界大戰末期開始到韓戰期間的主力戰鬥機。不同於從中型轟炸機概念發展出來的B17，從一開始即預計作為長距離戰鬥使用而設計。

經過的話就會笑著說：「要不要一起來吃啊。」然後招手把人叫過去。這一點讓人覺得台灣人很開放且對人友善。雖然不是什麼大魚大肉，但是燉煮軟嫩的中華風稀飯非常好吃，我不客氣地吃了好幾碗。但是光吃人家的也不好意思，所以我會到田裡幫忙收割，大家都笑得很開心。雖然我不是很懂台語，不過他們好像是在說：「你啊，好像不能幫上什麼忙呀！」的意思，我也跟著笑了起來。

每天都這麼自然奔放，而且能充分地滿足我旺盛的好奇心，那是我無法忘懷的一段，最幸福的日子。

某天，我也是玩過頭，發現已是黃昏，慌張地回到家後，平時充滿熱鬧的說話聲吵雜的長屋，卻出奇地安靜。

母親看到我就說：

「這種時候你跑去哪裡了？戰爭輸了啊。日本輸了。」

瞬間，我僵住了。

（怎麼可能……怎麼會這樣！我不相信！真是討厭吶……）

腦子裡好像有尖銳的東西發出嘎吱嘎吱地聲響，一種揮之不去的感覺。

（到今天為止的這一切到底算什麼啊！死掉的高田他們又該怎麼辦啊！）

當天晚上我一直無法入睡，帶著昏沉的頭迎接早晨。

旭日和昨天一樣沒有任何改變，不變的夏日陽光從簡陋屋子的牆壁縫隙照射進來。

（日本輸了嗎？）

即使反覆自問了好幾次，答案都是一樣的。

當天傍晚，父親來迎接我們下山，回到台北市內的家中。

母親點亮了燈，好像沒有什麼比這件事更開心的了。一直以來有好長一段時間，家裡的電燈用黑布覆蓋著，她將黑布一片接著一片掀開，重複地說：「啊太好了。啊，好開心。」

那時母親的想法裡，理所當然地，一點兒都沒有想到不久後我們將被趕出這塊土地，失去所有的財產等等。

之後過了一段時間，女學校像往常一樣開始上課了。但是遭受轟炸的校舍損害得非常嚴重，尤其是我們教室附近的廁所，水無法順暢流通，堵塞的水會溢出來。為了可以使用廁所，大家與它連續奮戰了幾天。

那時女學校換了目前的校長，改由從中國來的中年女性擔任。某天，去清掃廁所的時候，看到有人開著門在上廁所。我們叫出：「唉呀！」，然後互看對方在入口等著，這時從廁所走出來的竟然是那位新上任的中國人校長，真是讓人嚇一大跳。

每到朝會時，從她筆直地站在台上唱〈三民主義〉這首中國國歌的樣子，無法想像會有如此離奇的事。

三民主義讀作「ツアンミンチユウイ」（tsanminchui），我們被迫把整首歌記起來。

我們總覺得有股屈辱感，沒有發出聲音默默地唱，因為非唱不可。

三民主義，吾黨所宗，
以建民國，以進大同，
咨爾多士，為民前鋒，
夙夜匪懈，主義是從，
矢勤矢勇，必信必忠，
一心一德，貫徹始終！

雖然我只記得有標上假名讀音的部分，但是旋律至今仍清楚的記得。

接著，女學校的建築物被中國政府接收，我們被趕出那歷史悠久引以為傲的校舍。離開校舍的最後一天，我們朋友之間難過地抱在一起痛哭。同樣是女學生，台灣人的人數雖然比較少，但是直接留下來，我們日本人離開熟悉的教室，借用其他小間女學校的一部分校舍繼續上課。

雖然如此，現在回想起來，一直以來我都不知道台灣人原本的樣貌，那個時候能夠接觸到，也是一個難得的機會。到目前為止的日本統治時代，並不容易見到「爆竹」或台灣的「戲院」，而這些東西毫不掩飾地敞開在我眼前，讓我感到有點驚訝。

食物也是。火雞肉、豬肉大量地陳列在市場上，這些物資一直以來都不知道藏在哪裡，讓我百思不得其解，看得瞠目結舌。

漸漸地，我開始感到同胞們越來越抬不起頭，那應該是終戰那年年關將近的時候吧。

稍早之前，因為從中國本土來的中國軍隊要進入台北，上面下了命令，要大家沿街出來迎接。

台灣人個個滿懷期待，帶著從殖民地處境中解放出來的喜悅心情，等待著軍隊的到來。應該就是一種近似於期盼救世主的感覺吧。

然而那中國軍隊的隊伍行進，雖然我是從二樓窗戶偷看出去的，那只是個令人目瞪口呆的可笑集團而已。

他們背在背上的不是槍砲也不是刀劍，居然是油紙傘，還有巨大的中華鍋。身上穿的是破舊的紵縫布料，整個就像是被子一般的上衣。

他們歪歪斜斜地行進，甚至讓人不禁懷疑：「這個是真的軍隊嗎？」。而且行進行列亂糟糟的，因為他們一邊不停地聊天，一邊喧鬧地走著。這時台灣人們失望的模樣，在往後變成一個話題。

不久，日本人已經不能留在台灣、會被趕走……之類的謠言開始流竄。

父親與母親並沒有考慮在內地生活的打算，但是一過完年，這些現實的事情就降臨在自己身上了。

「遣返」，對我們庶民來說，是用言語也無法道盡的巨大衝擊、失落感。一直以來在台灣生活、打算將骨灰埋在這裡的父親，沒想到戰爭輸了，就要被趕出台灣，這件事應該是想都沒想過。

終戰翌年，昭和二十一年（一九四六年）初，忽然下了一道在台日本人全數撤離的命令，就是即刻從市街撤離的意思。行李為每個人一個背包、日用品及替換的衣服上下三套為止，裝入竹編行李箱裡，能帶走的現金每人一千圓，除此之外禁止攜出。據說在出港地會有檢查，珠寶等物品被發現的話會立刻被沒收。

母親對和服或珠寶似沒有什麼留戀，但唯獨孩子幼年時期的照片和相簿，和姐姐一起分工把它們全部帶回去了。這些物品即使到了現在，對我們而言是比什麼都還重要的寶物。

即使是至今為止的生活基礎全數被奪走，日本人仍是在沒有任何混亂的狀態下，默默地遣返回去，街上就好像海水退潮般日漸空蕩。那個情景，在留下來的台灣人眼裡，又是什麼樣子呢？

當時台灣的頂尖記者林茂生，以「日本人令人畏懼」為標題，寫下了以下的四行詩：

「如今日本僑民遍布天地，回歸自己的國家。
不恨天，不怨地。
安靜井然有序地離去。
日本人令人畏懼。」

無法忘記的昭和二十年二月二十八日早晨，父親帶頭，全家一個一個背上背包，離開熟悉的家，履步蹣跚地走在台北的主要幹道上。那是小時候，總是從二樓窗戶眺望的，令人懷念的敕使街道……。

那天早晨一點也不像台灣，充滿著一股陰暗沉重氣氛……。還在狀況外的幼小妹妹們完全是一副全家要出門去野餐的樣子，高興地喧鬧著。

偶然看到走在前頭的父親流著大顆的眼淚，像是幼兒般在啜泣。他仰望著天，似乎在告訴神他的苦衷。這也是理所當然的。因為這三十年來不斷辛勤工作，為五斗米折腰，最後得已建造鋼筋水泥的自宅。然後生活的基礎，不要說是將它賤賣，根本全是「化為泡沫」。

當時父親五十五歲，母親四十五歲。長兄們在戰場尚為歸來，最小的妹妹年僅五歲。在她之上還有七歲、十歲、十二歲……的弟妹，總共十個人準備前往依靠父親家鄉的鹿兒島，我們踏出了遣返的第一步。

那是往多麼無情且艱辛生活的第一步，當時的我們還無從知悉。

到目前為止，我們從來沒想過「飢餓」這件事，也完全不知道那是什麼樣的東西。至今沒有去過的內地，而且還是敗戰之後的日本生活，我們對它的認識實在太過粗淺。

我們乘坐的是一艘名為「自由輪」的美國貨輪。幾千人像是鮪魚般被塞進貨輪船底的船艙中，勉強能轉動身體。那是全家人連足夠橫躺的位子都無法擁有的狀況。

分配到的食物是紅高粱飯。高粱是一種雜糧，是黍的一種。不論怎麼煮米粒都很硬，大家至今為止都沒有吃過。對這種不熟悉的食材，拉肚子的病人立刻接二連三的出現。

而且船艙緊鄰機械室，令人厭惡的重油味充滿整個空間，光是如此就讓人感覺不舒服。再加上，雖然說是三月，海上仍不時颳著暴風。

船像樹葉一樣搖晃，大家都暈船意識不清了。我立刻就忍耐不住，反覆在船底嘔吐，覺得自己不像是活著。

就在這個時候，在我上面一個的大姐，她叫做節子，節子姐姐理論上也同樣痛苦才是，卻在半夜將我搖醒。

「小芳，這艘船，現在正通過沖繩的海上。一定是這附近唷。高田和塚田埋骨的地方……。我們上去甲板看看海吧。」

我實在是站不起身的狀態。只要移動一下，空蕩蕩的胃就會緊縮，眼前一陣想吐的感覺在翻騰。

但是聽到「高田……」的時候，現在，我非得用這雙眼睛好好看著沖繩的海不可！這樣的想法推了我一把。我爬著穿越正在睡覺的人們中間，到達通往甲板的手扶繩梯。話雖如此，但腳能踩的地方只有一丁點的空間，幾乎是像繩梯一樣的東西，我還是用力抓著攀爬上去。

與姐姐兩人好不容易到達甲板，海上波濤洶湧，從側面來的雨滴毫不留情地打在我身上。那時應該是深夜兩點左右吧。甲板上也沒有船員的人影。

我們為了不被吹走，抓著船首附近的機械，默默地凝視著漆黑洶湧的海面。

高田他們就永眠在這附近的某處……想到這裡，我再也忍不住了，大聲地喊著：「高田——」「塚田——」，然後與姐姐兩人抱在一起嚎啕大哭。

在這附近的海上，有過什麼樣的戰鬥呢？高田死於非命的沖繩之海……。

連一句「再見」也沒辦法說出口就離開的人所沉沒的海。

那時，如果姐姐沒有將我叫醒，而且也沒有看到沖繩的海的話，我毫無疑問地一定會後悔。

從台灣的基隆港出發，花了將近十天終於抵達和歌山縣一個叫「田邊」的美麗港口。

「喂——，可以看到日本了唷——」

聽到這個聲音，所有人都同時聚集到了甲板上。

隱約可看見彷彿島影一般的內地出現了。這是我第一次看見祖國，日本。高田他們一心想要保護的，這個美麗的國家，而高田他們就這樣赴死了啊……，我無法壓抑如此油然而生的感情。

這正是所謂「國破山河在」。

因為自由輪無法直接靠岸，所以利用像是漁船的小型接駁船分批上陸。接近傍晚時刻，天上開始降下冰霰，在台灣出生的我們，至今從未體驗過如此酷寒，對我們來說太過痛苦，這就是我在日本的第一夜。

而且，在這混著冰的雨水中，我們必須自己用手將各自的行李及背包，從船上搬運到遣返者收容所裡。我們姐妹分工合作，搬運母親及幼小弟妹們的行李，來回了好幾次。

但是人一旦陷入這樣的極限狀態之下，反而會情緒高亢，似乎有股堅強的意志湧現，彷彿欣喜接受這樣的事情。這一瞬間，是在我十五歲時第一次體會到的。

我借了宿舍的一台小型手推車，就這樣一個人，默默地來回了好幾次。

從港邊到宿舍有多遠，現在我已經想不起來，但是那條道路沒有鋪柏油，非常泥濘。因為穿著鞋子會打滑，到後來我幾乎是光著腳丫子。也因為是三月大概十號左右，氣溫很低，我的腳尖已經完全沒有感覺了。但即使如此，不知為何卻流不出淚。我咬著牙，嘴一抿，推著載有妹妹們行李的推車，在泥濘中艱苦奮鬥。

就在這個時候，一直是沉重且不容易操控的推車突然變輕，順暢地動了起來。

我嚇了一跳停下來，看到另一隻手握在推車把手的另一端，在我身旁，有一位像是大學生般的哥哥微笑地站在旁邊。

那位哥哥身上別著「遣返支援局」的臂章。

「我來幫你吧。我在終戰前也跟著軍隊在台灣待過一段時間呢。」

他一邊說著，一邊將沉重的手推車輕快地往前推。那時候才第一次，從我的眼中流下一顆顆眼淚。

哥哥從上衣的口袋裡掏出五、六個乾麵包，將它們放在我的手掌上。他自己也咬著乾麵包發出清脆的聲響。我才發覺自己一直沒有吃東西，連餓了也不知道。

那幾個乾麵包，是往後我仍時常回想起來的好味道。

之後搬運行李對我來說，反而變成是讓我無論多來回幾次也想繼續的快樂工作。

哥哥是大阪大學文學部的學生。他好像是來遣返支援局打工的。他一邊走路一邊跟我聊了許多事情。其中關於閱讀的話題中，有許多我第一次聽到的外國文學家和詩人的名字，讓本來就喜歡書的我，感到充滿憧憬的世界出現在我的眼前。

當晚，我們全家住在支援局的旅館裡，等到天一亮，就坐上往京都的火車。

隔天早上，天空晴朗到昨晚的冰霰好像是騙人的一樣。當然風是刺骨的冷，但是到車站途中路邊長出的綠草顏色，是在台灣也無法想像的柔和青綠色。

我走出宿舍的時候，想和昨晚的哥哥說一聲「再見」，便四處張望地找他，不過都沒有看到他的身影。

帶著有點落寞的心情，我背上背包，牽著妹妹的手，快步走在往車站的路上。剛好就道路一分為二，接近往車站方向的岔路時，我驚訝地差點沒有跳起來。就在小路的一角，不就站著昨晚的那位哥哥，正笑著朝我這裡看！

（太好了……，這樣就能跟他說「謝謝」了。）

我高興地加快腳步。

就在此時，哥哥遞給我折成一小張的紙條，快速地說：

「到了之候寫信給我吧。我已經寫上自己的地址了。」他這樣說著。

我只顧著驚訝，連準備好的「昨晚謝謝您的照顧」這句話都沒有說出口，就這樣被後面緊接而來的遣返者隊伍推著走，光是一邊回頭向哥哥揮手就很吃力了。

在那之後一直到鹿兒島父親的故鄉是一段艱辛的長途旅程，不過這時候得到的紙條對我而言就好像是護身符一樣，將這所有遣返途中的痛苦，化為溫暖而幸福的感覺。

接著花了一整天抵達了父親的故鄉，鹿兒島縣川內市（現薩摩川內市）。我們暫時與親戚分開借住，當然連收入也沒有，一切家當也沒有，每天就只是過著這樣的日子。

這是當然的。因為我們在內地沒有任何的生活基礎。如果說光是填飽肚子就很勉強了，這樣讀者們就能理解當時的生活狀況吧。

在台北過著悠閒舒適的日子，卻在一轉眼變成要活下去，換句話說光是吃飯就是當下的問題，悲慘的現實世界就這樣開始了。

但即使如此，突然跑到別人家裡暫住的我們還算是走運的了。我們依靠的叔叔家裡也有七、八個孩子，雖然辛苦，但嬸嬸是個心地善良的人，將自己家人要吃的分量減少後撥給我們。如果那時沒有如此救濟的話，我們到底會變得怎樣呢？這是到了長大成人之後，我才終於察覺的事。

無論如何，因為我抱持的想法很單純，就是馬上能夠轉學進入內地的女學校，所以在遣返時在背包中只裝了教科書和聯絡簿等學校用品回來，還真是個魯莽的女孩子。不過即使如此，我唯有將高田的遺物收在手邊的小盒子裡，在後半的人生中視為重要物品帶在身邊。

雖然遣返時只能將最低限度的東西裝入背包裡，但我還是將他託付的三項物品，一直放在我的背包中，在這長遠的路途中搖晃著。

但是，棲身在父親故鄉川內的生活日漸辛苦，全家人要聚在一起生活也變得越來越困難了。最後，我們三姐妹離開家裡去依靠母親那邊的親戚。一開始暫時在福岡的博多，後來搬到同是福岡縣的若松市。在那裡運氣不錯租到了市營住宅，開始了三姐妹的生活。

那裡是若松一個叫「小石」、面對玄界灘的寧靜海邊城鎮。長姐在市內的小學上班，節子姐姐一邊工作一邊讀大學夜間部。我則是在若松市政府的稅務課以臨時雇員的身分工作。

每天非常忙碌一直加班，而我還只有中學生的年紀而已。是一個不知道該去做什麼事，幾乎沒有用處的雇員。即使如此，對於稅務是什麼樣內容的工作，我看著窗口的應對方式有樣學樣的把它記起來。

暫且不論課長等位階高的人，年輕的哥哥或姐姐總是對我很和善。如果被付予在重要的傳票上打上號碼的工作時，就會有「啊，我也是能做事的啊！」的高興心情，一點也不覺得加班辛苦了。

但是，到了過完年的昭和二十二年（一九四七年），我開始不安，想著自己該不會就這樣一直無法去上學了？

即使一邊在工作，假日的時候我就會翻開遣返時帶回來的教科書，一個人讀著英語或數學，一心只想要復學。

不過就這樣結束工作的話，不僅對不起幫忙至今的親戚，以及一有什麼事就袒護我的稅務課的善良哥哥姐姐們，與他們分別也很辛酸。猶豫了許久，我還是下定決心向身邊的人告別，毅然決然回到鹿兒島父母的身邊。

當時我只有十五歲，對於決定自己的一生尚是未成熟的年紀，但是如今想起來，在被逆境磨練的同時，或許逐漸擁有比別人強上一倍的生存意志吧。

然後，我終於如願以償實現復學的心願，這已經是遣返回來剛好一年後的事了。

從那以後，兼職多分打工的同時，我熱衷於喜歡的音樂領域。說到與在遣返時遇到的善良哥哥互通信件一事，自從與他分別後，我一直持續到大約高中時期。

他好像是專攻德國文學，接連告訴我不少「先把這些讀起來就可以了」的外國名著。

那時我身兼超過十根手指頭那麼多的打工，領到打工薪水就立刻跑向街上的書店。將哥哥告訴我的書從「岩波文庫」的架上找出來，是何等開心的事。

已經褪色成深棕色的幾本書，現在還躺在書櫃的深處，讓人懷念起高中時期沉醉讀書讀到深夜的自己。

我打工的種類各式各樣，從小學生的家教、幼稚園小朋友的鋼琴入門，一直到食品工場剝蕗蕎……。另外還有送報、貼信封、在共產黨的集會所幫忙煮飯、西洋服飾店店員、賣冰棒等等。

不過在這之中也交了開心的朋友，讓我對打工一次也沒有留下痛苦的回憶。打工結束後，就直接前往學校的音樂教室商借鋼琴來彈。

音樂老師值夜班的時候，會讓我彈到深夜。甚至完全不收我學費，還仔細地幫我上課。

現在想起來，這是多麼幸福的高中生活啊，但即使如此家裡還有幼小的妹妹，生活也還很辛苦。父親與母親是多麼艱苦，但母親仍是對我的生活方式相當抱有希望。

晚上母親來學校的音樂教室接我，母女一起走在寂靜無人的商店街，一邊聊天一邊走回家。有一次，遇上值勤的員警詢問。母親如此如此、這般這般地說完，那位年輕的員警說：「真是辛苦您了。」向母親立正敬禮後就離開了。每每想起那晚的事情便覺得有趣，之後還經常成為與母親之間的打趣話題。

那時因為老師的照顧，讓我作為免學費的特別優待生，所以打工的收入經常拿去補貼家用。

不過，我一點也不認為自己過得很刻苦，這果然還是與生俱來粗線條的個性，以及有好朋友圍繞著，每天非常快樂的緣故吧。

況且與那位哥哥互通信件，推薦我讀「赫曼・赫塞」（Hermann Hesse）或「狄奧多・史篤姆」（Theodor Storm）的作品，在他們的世界裡，我可以完全脫離辛苦的現實，不斷地被他們的魅力所吸引。

但是，與哥哥互通信件，在這之後卻迎來意想不到的悲哀結局。

第9章 成人階段

那位哥哥，我稱他為K先生。對一個天真單純地活到現在所謂少女的我來說，他寄來的最後一封信，內容未免太過殘酷了。

到現在為止，喜歡上異性什麼的事，對我來說只會發生在小說的世界裡。我總覺得，人生只要追尋這樣的夢想就可以過活了，只是沒想到，突然寄到的這封信，一瞬間就將我拉到「成人階段」的階梯前，也不在乎我是否願意，就這樣一股腦地拉著我向上飛奔……。這件事情對我來說，就是這麼悲傷的事。

看完這封信，有好一段時間，我茫然地杵在原地。

我永遠也無法忘記，那是發生在高中二年級，剛過完暑假的時候。

我從之前寄來的信得知，K先生從戰前就一直住在關東。因為戰禍，他的家人全數罹難，之後便依靠住在關西的親戚，以及就讀大阪大學，這許許多多的事情，不時聽他在信中提起。

不過在這之後，他果然因為無法繼續念書，所以就成為某間開業牙醫家的養子。為此，他從現在就讀的文學部，轉系到同為阪大的牙醫系，甚至做為交換條件，他將來必須與對方的女兒結婚。這也意味著，在不久的將來，他就會是一個必須捨棄「K」姓氏的人了……。

對當時的我來說，音樂也好、文學也好，都是使我活下去的「支柱」，K先生也是相同的存在。他是一直在我身旁，栽培我的一股力量……，我是這麼認為的。

話雖如此，我與K先生的關係，在互通信件之外，我是一點兒也沒有想過更進一步什麼的。但是……，這件事帶給我的創傷也未免太過巨大，這讓我感到很困惑。

一種無能為力的悲傷以及喪失感，日復一日地增長著。一直以來，我總是一笑置之地貧窮生活，也成了跌落深淵谷底一般的「痛苦」了。

在不知不覺當中，我頭一次發現到。或許，自己對K先生的尊敬與崇拜，不知何時，早已萌芽成為小小的愛慕。

痛苦的事不斷地向我襲來。高中三年級，正好是要決定未來出路的時期，課業分成「升學組」和「就業組」。我當然是想升學，完全沒有想要進「就業組」的意思。

那時我寫信給就讀九州大學的哥哥商量，因為如果多少有一點哥哥的援助，應該可以勉強過得去才是。但是得到的回信卻帶著幾分訓話的語氣：「家中還有其他弟妹，所以不可能只援助你一人。而且我自己也還是個窮學生。」事實確實如哥哥所言。

從那之後，外在表現開朗的我，內心裡開始住了另一個陰暗的自己。絕望的嘯聲不斷地回響在我的腦中。

我變得隨時像帶著刺一樣，如同進入了遲來的叛逆期。

即使是小事也跟父母過不去，我卻又覺得這樣的自己很可悲，之後更加陷入沮喪之中，這樣的「惡性循環」一次又一次地重複發生。

某一次與母親起了口角，我一邊吃晚餐，一邊喊說：「要是沒有生我這種人就好了嘛！」話才剛說完，坐在旁邊的父親重重地賞了我一記耳光。

我出生在台灣最熱時候的七月。聽說父親為了不讓我起汗疹，每天晚上將我泡在藥湯裡。而我卻對父母口出惡言，這讓他們多麼傷心啊。

不過，這或許也是個契機吧，那天晚上的事像是讓我下定決心似的，讓我對音樂，特別是聲樂方面，比起以往更加熱衷了。

在高中音樂老師的協助下，我在畢業的同時也找到了工作，是以小學音樂教師的身分，前往市鎮範圍外的一個小村子任教。那是一所位於山間、寧靜村落內的小學。

這是我第一次離開父母，開始過著獨自一人的生活。我抱著拋棄一切牽掛的覺悟，帶著些許難為情的心情，以教師的身分踏出了第一步。不過，沒想到那一帶是個繼承著純正武家血統的聚落。

這放在現代很難想像，但是我剛赴任時，立刻就被村裡的有力人士追問，你祖先叫什麼名字、你家源自於哪個家系……等等，鉅細靡遺地問了個清楚。我活到這個時候從未想過，即使是朋友之間也從來沒有聊過這種話題，對我來說簡直就是文化衝擊。我心想：「咦？怎麼事到如今才問我這種事情？」，來到這邊，我瞥見了一個非常不一樣的世界，這反而讓我覺得興致勃勃。話說回來，那位老伯有著一雙粗眉以及強者的風貌，簡直就是「落武者的後代」。看著這樣的老伯，我差點沒笑出來，忍得很辛苦。

不過說到頭來，在這個地方，我又硬是被迫爬上了好幾個「成人階段」。我才體會到，自己至今一直待在父母與姐姐的保護傘下，過著多麼安逸地生活。我深切地覺得，不管我願不願意，都已經無法再對這個世界視而不見了。當然，我也漸漸地學會處世之道。拜它所賜，心情雖然逐漸轉好，但是說實話，我也開始厭倦這樣的自己。

在這個村子生活了一年多之後，二哥在母親廣島的老家開了印章店，全家就搬遷到廣島居住。我很認真地煩惱著，是不是該辭去小學教師的工作。因為村裡純樸的學生們真的很惹人疼愛，而且隨著日子過去，也能感受到村民們的善良與溫暖。說到頭來，對於教音樂這件事，我非常地樂在其中。不過在這裡獨自一人的生活，對我來說還是太寂寞了。我從小就在大家庭中長大，就算家人都到遠地生活，我還有辦法一直在這裡待下去嗎？再怎麼想，我還是沒有辦法戰勝孤獨感。

就在此時，家裡轉寄來了一封長篇信件，它來自往後成為我丈夫的中田先生。中田先生透過負責會計的中尉得知我家的住址。似乎是遣返前夕，中尉順路拜訪我們台北的家時，將我們在鹿兒島的住址告訴了他。

他在信紙上密密麻麻地寫到：他感到非常羞愧，因為他目送唯一的摯友出擊，卻唯獨自己不要臉地活下來。加上現在失去了貫徹至今的目標，找不到生存的意義苟活至今等等，好幾張信紙的字裡行間，都透露著這樣的辛酸。

對我而言，這可以說是改變命運的一封信。

我忽然回想起，在台電俱樂部的宴會場看著慰問團演戲時，背後滾來一顆橘子的事。

「那個丟橘子的，調皮的塚田已經不在這個世上了，另一個留下來的摯友中田卻折騰於活著的痛苦……為什麼世上會有如此悲傷的遭遇呢？」為此，我感到心痛。

而且，陸續看了幾封他之後寄來的信，我總覺得信中的內容，彷彿是對我發出的求救信號。

中田先生才剛復員不久，似乎就決意選擇「死亡」。他正向我傾訴著，他想要捨棄所有的一切！明明已經感受不到生存的意義，還要如同行屍走肉一般的活下去，他絕對沒有辦法忍受這種事情。

他只將些許糧食塞進背包裡，就默默地離家出走了。此時他才剛滿二十歲。「我絕對再也不回來了！」信中說道，他是抱著這樣的決心離家出走的。他的二姐注意到之後，追他追到車站去，親手交給他幾件內衣褲，眼睛裡含著淚水，告訴他說：「路上小心，一定要回來喔。」

在那之後，過了將近一個月的時間⋯⋯，他頂著雨水，在八岳山中腹的斜坡低地露營。他在孤獨中與岩壁相望，糧食終於用盡，體力不堪負荷躺在石堆中度日。

但是到了最後，他卻在意識朦朧中，自行走到溪澗，用飯盒裝水，將最後一把米煮成粥來吃。

就這樣，到了最後，他連想死都沒死成，就這樣踏上回家的路。

「那是求生本能一般的行動。我收集枯樹枝，不知道什麼時候就將飯煮好了。我終究是個無可救藥的男人。」

信的最後如此寫著。

在我心中，那個十四歲的夏天發生的事，一瞬間歷歷在目。

那是夏日的一個片段，在台電俱樂部宴會場的一景。所有人都還活著，在玩抽鬼牌的時候，為了爭辯最後一張鬼牌被誰抽到，一群人幼稚地吵鬧著。加上那個才被高田託付了遺物，嘴巴上卻還輕率地回說：「嗯，好啊」的那個十四歲、幼稚的我。

在那之後才經過了六年，許多事情卻已經變得如此不同！讓人不得不感嘆世事變化之大。

即便如此，我要前往山裡的村莊赴任時，唯有高田的遺物，仍然被我小心地帶在身邊。因為那些回憶的物品中充滿了如此巨大的悲傷，讓我無法忘懷。

第10章　悔恨還鄉

他們這群活下來的特攻隊員，以復員兵回到日本的時間，跟我們相差不遠，也就是昭和二十一年（一九四六年）三月，終戰後的隔年。

後來成為我丈夫的中田，他被點名加入特攻隊員這件事，我夫家的人們也都知道，所以在他平安歸來的時候，我想，他的父母親應該是大喜過望。

但是此次還鄉，從他的角度看來，卻是幾乎失去所有的戰友，只有自己恬不知恥地回來。對他來說，這股內疚……只會是痛苦的開始。

要我來說，這已經不能簡單說成什麼迷失了人生的方向，在他心中更不會感慨「我撿回了一條命！」。

面對突如其來的終戰，轉頭一看，活下來的僅有兩、三人而已。

當他好不容易回到故鄉，神奈川縣川崎市，在這裡應當如釋重負，沉浸在可喜可賀的氛圍中，但他卻無法這麼做。家人愈是親切待他，就愈是強化他心中對於只有自己活下來的那種苛責，一天比一天更覺得自己無臉見人，而且還得忍受來自世人的冷漠眼光。

「特攻隊苟活下來的傢伙！」「連特攻都當不成的東西！」當時這類沒血沒淚的誹謗，廣泛流傳在各地的街頭巷尾。

「我心中的痛苦，你們這些人哪裡能懂？」就這樣，日復一日地，他心中的憤怒無處宣洩。

他身邊的家人也只能說：「不要理會他們就好。」但是在他看來，不知道為什麼母親和姐姐的善良，反而讓自己更加無法忍受下去。

再加上他抱著必死的決心離家出走，卻非但沒死成，終究還是厚著臉皮回到家中。到頭來，他只是讓自己體驗了比之前更嚴重的屈辱感。他將自己封閉在堅硬的外殼之中，不斷在忍耐……這就是他活著過每一天的方式。

有的時候，他會整個人突然僵住，然後沉默不語……我丈夫的這種行為模式，即使在我們結婚以後也沒有任何改變。我們住在同一個屋簷下，不論怎麼與他搭話，他都只是一味地閉口不語……長的時候可以一個禮拜都不回話，從結婚那時開始就經常發生這樣的事。有時候我從側臉偷看他，會發現他的太陽穴在抖動痙攣，在我看來，那副模樣就像是他正在壓抑內心迸發出來的情感一般。

他那個樣子，只要有一丁點的失控，恐怕就會陷入現代所謂的「憂鬱症」裡了吧。

他的憤怒不僅是停留在對家人而已，當他每每聽聞那些跟自己一樣「倖存下來」的人，聽到那些很快地轉換跑道，換句話說，就是抓到訣竅，邁向人生下一步的故事，他的情緒就會開始翻騰。

不過我想，就算真有這樣的人也不奇怪。有些人能夠華麗地轉身，進入一流企業工作、也有人以民間機師的身分東山再起，更有人受到矚目，集榮耀於一身，什麼樣的人都會有。

那麼，「每個人的人生轉捩點」到底在哪裡呢？我丈夫單純只是缺乏果斷，不擅長轉換跑道而已嗎？

還是他太過膽小，怎麼樣也無法從活下來的罪惡感中逃脫出來？

不，我覺得他只是單純地太過善良而已。

他比一般人更加善良得多，當他在處理事情時，也必定是退一步，以別人為先……這就是他的性格。我想這是遺傳自他母親的緣故。我的婆婆是個為他人鞠躬盡瘁，也不惜犧牲自己，心地善良的人。她一生中沒有樹立過任何一個敵人。不過換個角度說，這種性格其實是過於消極。我丈夫完整地繼承了這樣的性格，他對所有事情也都較為保守而消極，碰到新事物就縮手。與其說是謹慎，不如說連嘗試都不敢就打退堂鼓的人。

他與生俱來的性格就是如此笨拙，他也不擅長阿諛奉承，是一個非常怕生的人。假如他是個積極外向的人，能與初次見面的人很快地打成一片，或許就不會在孤獨中，飽受如此折騰了吧。

正因為他這樣的性格，當他失去了塚田，那個比親兄弟還要親、能夠互相交心的摯友，他心中的悲傷，是如何也揮之不去。

對我丈夫而言，那壓垮駱駝的最後一根稻草，使他陷入痛苦深淵的根本原因是，原本他跟長年以來的摯友們，總共四個人都接到了特攻命令，應在昭和二十年（一九四五年）七月十九日出擊。在這波的出擊名單上，本來是有著他的名字。這次的作戰，似乎偶然遇上天氣不佳而中止，預定的出擊因此取消。幾天之後，在重新發表的出擊名單中，不知道為什麼只有我丈夫的名字被拿掉，新加入了另一個隊員的名字。

但是，我丈夫理所當然地認為，只要飛機一抵達，在下一次的出擊任務中，自己便會追隨戰友而去。他說畢章已經做好了覺悟，所以心中沒有任何不安。

因此，即使摯友出擊，他也沒有任何「死別」的念頭，腦中浮現的只有「心無掛念的去吧，我也會立刻跟上」的想法。

他告訴我，當戰機引擎發動，螺旋槳開始迴轉時，他想也不想的攀上機身，與塚田緊緊地握手，說道：「我也會立刻跟上！」

為了不讓這段話被引擎的巨響蓋過去，他大聲地怒吼著。這時他的摯友塚田不發一語，不斷地不斷地點著頭。

「那傢伙就像神一樣……脖子上的領巾迎風橫掃著他的側臉，那副景象實在是莊嚴而神聖……」丈夫低聲喃喃著這句話，我至今無法忘懷。

在我心裡，也有著無數與塚田度過的回憶。

塚田原本就是個很調皮的人，他會在表演進行到一半時，把橘子當成球一樣丟來碰我，簡直就像是在宣示自己的存在一般。因為他是這種性格的人，我覺得他帶著豐富的幽默感，光是與他說話就非常開心。

在台電俱樂部，他經常在手提留聲機旁邊聽著音樂。不只是古典樂，像是時髦的流行音樂、探戈等等他也都很喜歡，到後來乾脆將手提留聲機帶在身邊，一刻也不離身。

但是對音樂如此傾心的塚田，我總是從他溫柔的眼神中，瞥見他哀傷的「放棄掙扎」。

有一次，我們一起聽唱片的時候，我實在看不下去他那過於哀傷的眼神，忍不住說出：

「塚田先生，不可以死喔。不要死喔。」當時只有我與他兩人共處，所以不由自主地說出這些話。

說完，我心想：「怎麼辦……我說了奇怪的話。」然後偷偷看著塚田的臉色。

塚田露出了寂寞的表情，但他還是微微笑著說：

「小芳，我們啊，終究只是微不足道的小角色啊。」簡直就像是說給自己聽似的，他重複嘀咕了好幾次。

塚田與中田是飛行學校的同屆。從嚴格的訓練生時期開始就意氣相投，簡直像是雙胞胎一樣，總是走在一起。兩人身材也差不多，給人的感覺也很相像。

不過兩人有著決定性的差異，塚田是對所有事情都積極，擅於表現自己，而相對於我丈夫則是不擅長從人群中站出來。或許正因為如此，反而讓他們一拍即合。

在這之後，我與丈夫的書信往來變得越來越頻繁。

當時我自己也一直在煩惱，是不是應該繼續小學音樂老師的工作。與他商量這些事情，讓我有種得救的感覺。

「我想和他見個面。」

說出這句話的，不知道是我還是他呢……。不知不覺中，我們開始有了想互相扶持的想法。這樣的感覺透過書信往來，變得越來越根深蒂固。

不，如果從兩個人的性格來看的話，我想我可以說，毫無疑問地絕對是從我開始。

那時候他在鎮上的小印刷行，承包「油印」的刻寫工作，他把住家當成工作室，一個人進行著這樣的工作。所謂的油印，是用鐵製的謄寫筆，將字沿著半透明的蠟紙（雁皮紙）刻寫之後，再用油印滾筒壓上蠟紙進行印刷。在沒有影印機的時代，是種極為原始的印刷方法。丈夫的工作是將作為原版的蠟紙一張一張刻寫，完成一張多少錢的方式按件計酬。

這樣的工作不用面對其他人，會選擇這工作，似乎也是他仔細思考之後的結果。當然，這項工作既沒有健康保險也沒有社會保險。不過那時候的我認為，只要能與他在一起生活便足夠了。

起初，我們其實沒想太多，就提到選一個在彼此的居住地中間，也就是神奈川縣和鹿兒島縣的中間地點見面吧。「那麼選京都好了。雖然距離你住的鹿兒島有一點遠。」雖然他這樣子跟我說，但那時我已經下定決心要和家人一起搬到廣島住了。

要捨棄好不容易找到的教職，雖然我自己也很煩惱，不過在我上面一個的姐姐節子更是猛烈反對。

姐姐是大學苦讀出身，才成為小學教師。當然，她也是離開父母親獨自一人生活。我總覺得自己比不上姐姐，從以前就是這樣。姐姐是穩健紮實的優等生。我是野丫頭，遇到什麼事馬上就受不了的膽小鬼。從女學校時代，我們就經常被拿來比較。

不過唯獨這件事，不論姐姐怎麼阻止也阻止不了。

就這樣，我們在廣島實現了睽違七年的重逢。

我們約在當時廣島車站的大廳一角，有設置一個石造的「原爆之碑」的前面見面。就是那個寫著「好好安息吧，因為錯誤不會再重演」碑文的石碑。

聽說那個石碑，在不久後就被移到廣島和平紀念公園裡了。

那一年我二十一歲，丈夫二十六歲。

第 11 章 與前特攻隊員結婚

「妳是經過了什麼樣的心路歷程，才會讓妳只經過短暫的書信往來，就想要跟倖存下來的特攻隊員結婚？」如果你這樣問我的話，那麼我的答案只會是：「我們的婚姻，只是順著命運的擺布。」從前，他與摯友兩個人，帶著半開玩笑的心情，丟著橘子「調戲」我們三姐妹的那場慰問表演。那一天就是我們夫妻漫長歷史的開端。誰知道，我會跟這群人之間的其中一個共度一生，這是我怎麼樣也想像不到的。

廣島老家的每個人，都對我魯莽的行徑驚訝不已，異口同聲地反對我的決定。

直到結婚典禮當天，我不知道和母親起了多少次衝突。

對母親來說，放手讓女兒去到遙遠的地方，確實是件痛苦的事。因為那個時代從廣島到東京，必須在電車裡面搖搖晃晃十三個小時才會到。再加上這還是個頭腦稍微少了一根筋、對這世間的人情世故完全沒有概念的女兒。更糟糕的，還是一個什麼財產也沒有的，遣返家族出身的女兒。她跟夫家一次都沒有見過面，能不能好好相處還不知道，這可是比起什麼都還要讓人擔心的事。

倒是父親因為太過清楚我的個性，對我的婚事莫名地樂觀看待：

「要嫁的可是小芳，她一定撐不到一個禮拜，馬上就會被趕回娘家的。」

包括哥哥們在內，我的家人都極力反對。在我看來丈夫的老家更是遮掩不住他們心中的困惑。因為到了結婚典禮當天，我才與丈夫的雙親、以及人數眾多的兄弟姐妹第一次見面，我們的婚禮就是這麼地不符常規。

況且，夫家是一個可以說跟外地生活幾乎無緣、極為平凡的家庭，卻要嫁進來一個出生在台灣、皮膚黝黑，行為又荒唐的女孩。再加上這女孩還是戰後只帶了一個背包遣返回國，貧困家庭出身，想必他們心中一定很抗拒吧。

昭和二十八年（一九五三年）五月，親戚朋友們聚在丈夫川崎的老家和室，簡單地辦了一場結婚典禮。

當然，嫁妝是不可能備齊的。我全部的嫁妝就那麼一件，是一台二哥讓我帶去的腳踏式縫紉機。我這次的「出嫁」真是輕便又簡潔。

不過，我後來才聽到一個讓人冷汗直流的消息。當時丈夫老家的周邊區域似乎是相當喜歡說人長短的地方，那兒有個風俗習慣，是媳婦的嫁妝得擺放在夫家客廳，開放讓附近的居民來參觀。

所以夫家的客廳根本不可能只擺一台縫紉機，丈夫的弟弟們在不得已之下，共同出錢買齊了桐木衣櫥和家具擺放在客廳，當作是我帶來的東西充場面。

但是以我們兩個當事者的角度來看，我們對這些「東西」完全沒有任何的執著，卻還造成弟弟們的負擔，這讓我們反而感到愧疚。這件事看在丈夫眼裡，他的心情確實很複雜。他從倖存下來的痛苦、曾一度盼望著尋死，心中率先出現的，是那種想葬送一切的心情，但在這同時，他又不能無視「世俗」名義下的牽絆，他夾在這兩種心情中間，想必心中是一片混亂。這樣的俗事，對他而言是不耐煩的源頭。

我曾經想過，和他一起生活的話，或許就能幫他分擔內心的傷口吧。與他書信往來的那段時間，我從字裡行間可以讀出他嘲諷自己的負面情緒。這一直讓我感到心痛，所以我想做點什麼來療癒他。我想如果兩人住一起的話，或許可以改變些什麼，就能解開他深藏在內心的芥蒂了吧。

我要用我的雙手來讓你重獲新生！當時我是如此充滿幹勁。

但是，我這樣的想法嚴重地錯估情勢，甚至還造成了反效果，我原本以為自己能夠輕易地治好他內心的創傷，我實在太天真了。沒有過多久，我就察覺到了自己的錯誤。

當時的我，僅僅是以一個少女的視野，似懂非懂的去看待「當時發生的事情」。我想應該可以說，丈夫娶了這樣的我，反而加深了他心中的枷鎖。

對丈夫來說，我與他的摯友以及死去的眾多友人都有過交流。這樣的我一直待在丈夫的身邊，這不僅無法淡化他心中的記憶，反而還經常將它重新喚醒，這或許成了他無法將背在肩上的十字架輕易放下的原因。

我們的新婚生活，從位在東京都世田谷區，京王線明大前站附近的一間又舊又小的公寓開始。

婚後不久，我也學丈夫從裁切油印的蠟紙做起。兩個人坐在書桌前，一整天拿著謄寫筆咯吱咯吱地寫著。

現在回想起這件事，會覺得那是一副多麼寂寞的光景。即使到了現在，我的腦中有時還是會閃過那一幕幕，宛如無產階級文學裡的一景般，昏黃而褪色的影像。即使有了孩子之後，這樣的生活還是沒有甚麼改變。

而且丈夫會將他這種禁慾主義的生活方式，要求到家人身上。他會嚴格地強迫自己背對華麗的世界，過著簡樸的生活。

孩子上小學不久後，在家長會認識的朋友想邀我們全家去滑雪，我戰戰兢兢地問他，他只用了一句話反對：「這不是你們該做的事。」理由也不多說，就只是嚴格命令：「這不是該做的事。」

「沉默寡言式的反對」，我立刻就明其白背後原因了。而且一旦他不開口，就完全像是緊緊閉著的貝類一樣頑固。這種行為模式從新婚開始就一直持續著，漸漸地我也越來越不能忍受了。

那就是，我有時候會感覺到，我和丈夫之間出現了「齟齬」。

然後，我會反覆地自問自答：「咦？我這樣真的好嗎？」這樣的日子一直繼續著。

戰後睽違七年在廣島再會的作者和中田輝雄，以及兩人的結婚典禮。

對這樣的丈夫，等到我終於開始萌生「真是的，你也不要太過分！」的想法，應該已經是婚後十幾年的事了。

那時，丈夫在銀座歌舞伎町附近的印刷公司上班，做的是用打字機打字的工作。

常聽到有很多女性跟我一樣，開始認真地思考：「我即將三十五歲，自己的人生就一直這麼下去真的好嗎？」一個女人在生了孩子、養育孩子之後，會大大地改變自己的容貌，或許也會變得更加堅強。我覺得這正是人生的轉捩點。我也開始有了坐立難安的焦躁感。我家的獨子已經上了小學四年級，也就是說我也到了可以開始放手，不必事事顧著孩子的時候了。

（我想要展翅飛翔！而且想要學習！想親自用雙手抓住活著的證據！我不要一輩子過著這樣的生活！太痛苦了！）

像沉積物一般沉在丈夫心中的哀傷，與之前相比，有時候看起來稍微有點淡化，但他還是經常在餐桌前一邊喝著酒，一邊看著以前飛行學校的回憶錄或是貼有「那張相片」的相簿，直到深夜。

這個時候，我想要一起分擔悲傷、幫他撫平他心中的舊傷痕……這應該是我結婚之前，我給自己描繪出來的、我應該要成為的樣子，但是遑論去理解他的內心，不如說他那消極的生活方式，不管過了多久都無法從過去的牢籠中擺脫出來。我對這樣的丈夫，漸漸地產生了疏離感。

我變成了一個被責罵也是理所當然的糟糕妻子。

我首先採取的行動，是取得保母，也就是現在說的「保育士」資格。因為遣返當時，由於貧困不得不放棄升大學這件事，在我心中留下了遺憾。

而且高中畢業時，我報考的國家公務員考試，雖然錄取率低，但我還是輕鬆地考上了。正當鬆一口氣的時候，令人不可置信的是，一起錄取的友人一個接一個到官廳上班，而沒有任何在地人脈與靠山的我，卻不得不將好不容易錄取的資格白白地放棄掉。

年輕以來一直吃盡苦頭的我，發覺耳邊有一道催促聲如此回響著：「從現在開始還不算太遲！」這正是站在人生的轉捩點，我彷彿每天都被什麼人煽動著。

保母資格考試在東京都舉行。在參加一段期間的講習後，有筆試和術科的考試。全部大概有八個項目，可能也是因為術科的鋼琴是以前就會的項目，總算是通過這些考試，取得了資格。

不過正當我決定要邁出第一步的時候，因為我去上班會讓獨子變成「鑰匙兒童」，這反而動搖了我的決心。那一年托兒所的保母應徵，我也猶豫了許久，最後還是放棄了。好不容易取得的資格，也只能繼續放著，我只能跟先前一樣，在家做著油印抄寫的工作。

白天一個人坐在書桌前工作，我會感到很空虛，那時候終於買了一台中古的鋼琴，不時地叮叮咚咚地彈著。鄰居聽到了我的琴聲，就跑來跟我說：「你一定要教教我家的孩子鋼琴……」

「就算要我教，但我也只有保母的資格而已。」雖然我這麼拒絕，但當天就讓一對姐妹來上課。不久後，她們的朋友也跑來問我，沒過多久一下子學生就增加到了三、四十人了。但總不能這樣一直下去，所以我就一邊教大量的學生，一邊準備山葉認證的音樂指導資格，也是這個時候我開始到銀座去上課。像女兒一樣年紀的年輕老師對我很嚴格，我埋首苦讀了一陣子。

不久後，我正式主掌了電子琴教室，學生最多的時候有超過七十人。

但是這個時候，我與丈夫之間又展開了爭吵。

我想讓兒子進私立中學就讀，開始讓他去升學補習班。但是丈夫卻說：「我們不是那種身分啊。」

也就是說，對丈夫而言，我們夫妻「應該要活得低調」，不能期望過比一般人更好的奢華生活。

我也不是不能理解他的想法。

雖然如今報考私立學校是理所當的事，但是，在將近五十年前，一個班級不過二到三人才能參加中學考試。

丈夫到了這個時候還自咎於只有自己倖存下來，這讓他無法去享受人生，也無法過著比別人更優渥的生活方式。原本心地就善良的丈夫，心中所想的是「萬事謙讓」，在他看來，倖存下來就代表了他是戴罪之身。這些想法限制了他的一切。

更何況，「不惜把別人踩在腳下也要追求成功」或是「走在菁英道路上」等等的這些想法，並不存在他的思考範疇中。

在這一層意義上，我們成了恰恰相反的夫妻。我自己的生活方式是「一日比一日進步！一日比一日新！」我如果不向前邁進，就會覺得渾身不舒服，努力進步是我與生俱來的DNA，它日復一日地不斷增長。

「每天超越自己記錄的人生」，這句話作為我的座右銘，它已經成長到了我想將大大地公諸於世的程度。

對於這樣的我，丈夫經常責備說：「你這隨波逐流的傢伙！（差不多是跟風輕浮、得意忘形的意思吧）」如果說我丈夫是個「經常冷眼看世間」的人，各位讀者是不是比較容易理解呢？

這是結婚將近五十年的生活中，持續彈奏在兩人心底深處的低音。

「所以你們二人不應該結婚的吧？」即使如此責難於我，我想這也是沒辦法的。

或許丈夫不應該選擇我，而是選擇一個與過去的創傷毫無關係的普通女性。的確，「這場未免太過衝動的結婚」，如此被這樣責備，我也無話可說。

不過即使如此，我更想說的是，我從沒考慮過他以外的結婚對象。與其說這是命運，不如說，有許多人接連從我眼前消失，我不想失去跟他們的緣分，這樣的心情還比較多。

若我們身處和平的時代，我們兩人絕不會遭遇到這樣的體驗；我跟那些清楚自己明日即不在人世的人，共同相處的那些日子，我覺得那是人類不可輕易窺見的「神之領域」。而我只是懷抱著，今後想要與他共享這些體驗，就只是如此空泛的想法而已。

與他共享「畏懼」，或許就能減輕彼此的重擔吧……我也曾經有過這樣的想法。正因如此，我內心的某處一直責備著丈夫意志消沉。拖著這股充滿矛盾的「內心傷口」，我們夫妻共度了四十八年的歲月。

第 12 章 離別

即使我們常說「無欲無求」，但像我丈夫這樣連一丁點物質慾望都沒有的人，實在不容易見到。丈夫往生之後，他所留下來的物品實在太少，這讓我再一次理解到，他對生命沒有太多的執著。

我丈夫在這小小的印刷公司待了四十幾年，就只是默默地往返公司與家中，日復一日，一味地只知道工作。

一直到他在平成十二年（二〇〇〇年），享壽七十四歲往生為止，不要說駕照，他連銀行提款卡以及電話卡這類的東西，他根本連想辦的念頭都沒有。生活只需要維持在必要且最低限度即可，他是貫徹著這種生活方式的人。

不過，他原本就是個頭腦很好、記憶力超群的人。尤其是關於地理和歷史，其詳細程度甚至不輸給某些一知半解的學者。跟他一起觀看大河電視連續劇的時候，他對登場人物、年號以及地名，都能詳細地為我解說，彷彿就像活過那個年代似的。

話雖如此，但他一點也沒有要更加精進這些知識的慾望。

他寫的毛筆字非常精彩，說他是書法家也不為過，寫得是一手好字。我的音樂教室發表會時所放的直立式看板、舞台的橫幅、讓觀眾翻閱的節目冊，這些每年都是他一手包辦。

他用著極粗的毛筆，沾滿著渾厚欲滴的墨汁，將演出者的名字一張一張地寫下來，直到深夜。五十位演出學生的名字都寫完後，他將所有紙張攤開來放在上課的教室裡，露出一臉滿足且得意的表情，回頭看著稍微感動的我。

「你能把字寫到這個程度，要不要收學生開個書法教室？」

我這麼說，他也只是笑著搖頭。他完全沒有這個想法。

我時常想，如果丈夫是活在一個完全沒有受到戰爭影響的時代，不用蒙受那種苦惱的經歷的話，想必他能過上更美好的人生吧。

我的丈夫無法跟他的過去一刀兩斷，承受著被強加在身上的沉重十字架，而且還甘心忍受這一切生活著。

對這樣的他來說，唯一能讓心靈得到寧靜的時刻，就是夜晚的小酌。現在回想起來，一年三百六十五天，他沒有一天不喝酒，晚酌的時刻，正是他能從所有沉重壓力中解放出來的「幸福無比的時間」。

說是小酌，但他喝的量也不少，但也不至於喝到爛醉的程度。他會一個人花很長的時間拿著酒杯，喝著兌水的威士忌。就只是這樣而已。不過即使他能靠著小酌得到心靈的寧靜，身體卻在不知不覺中被千刀萬剮，逐漸變得虛弱。

「你這樣子會活不久……」不論我怎麼阻止，他只說：「如果壽命這樣就能縮短的話，正如我所願。」這樣的互動與爭吵，在將近五十年的結婚生活中，重複了不知道多少次。他原先就是個擁有強健身體，幾乎不太感冒的人，所有人都對他的健康有著過度的信心，而這是個錯誤的開始。

忽然之間，病魔來襲。

他患的是舌癌……這是改變一切的開端。有一位牙醫是印刷公司的客戶，他去給那位牙醫看診時，才偶爾發現的。他的舌根上，有一個像米粒大小的白色突起物……。

不過我丈夫卻是淡淡地說：「在戰爭中沒死成的人是我！我都苟延殘喘活到這個歲數，不是已經夠了嗎？」

開完刀後，他仍是毫不節制，酒杯仍不離手。而且他是個長年的老菸槍，客廳天花板都已經被燻成琥珀色。想當然爾，舌癌不久後又再度復發了，甚至還讓他苦於頻繁發作的心律不整，這樣的日子一天又一天的持續著。

不過即使如此，他與病魔纏鬥的日子可說是太過簡短。在與病魔纏鬥的半年多中，我們第一次打開心房。雖然時間很短，但在這些日子裡，兩人終於能彼此正視對方……。

那時丈夫七十四歲，我六十九歲。

我們邊聊著孫子的事、兒子的事、無關緊要的事，在彷彿時光停止一般地空間中，一邊喝著茶。這時我才第一次發覺到，這才是夫妻本來的樣子，我們彼此至今太沒連結了，我偷偷地拭去眼淚。

這是一段年輕的時候想都沒有想過的，小小的幸福，也是一段時日無多的珍貴日子。

在採光不錯的房間裡放著一大張病床，丈夫用搖控器將上半身支撐起來，我們兩人對著面，在寧靜的時刻中，兩人不知何時進入了時光倒流，我回到了十四歲那年的少女時代。

「你還記得，我與塚田在下圍棋，到了要分出勝負這個重要的時刻，你前來攪亂的事情嗎？」

「對呀，那時我被罵慘了……」

那是遙遠的記憶，卻像昨天的事一樣回想了起來。

高田出擊之後，我暫時不想騎腳踏車前去台電俱樂部，一直窩在家裡。是阿松伯母打電話給我，我才又開始出門的。事情就是在這短暫的日子裡發生的。

那天，我到台電俱樂部的宿舍後，馬上就看見兩個人圍著棋盤，露出像是鬼一般的可怕神情瞪著彼此。因為原先塚田就跟我約好：「我拿到一片不錯的唱片，給你聽聽吧。」所以我是抱著興奮的心情出門的。

那是個聽國外輸入的唱片，就立刻會被憲兵逮捕的時代。當然這是張舊唱片，但也是老百姓為了特攻隊所提供的物資。

但是那個時候，他們兩人剛好進入決戰時刻，雙方互不相讓，直視著棋盤，將我晾在一旁。

「喂，你不是說要讓我聽唱片的嗎？」

我好幾次逼近塚田的身邊。

「你再等一下嘛……」

善良的塚田是用這種口氣讓我冷靜下來，而丈夫卻是：

「吵死了，閉嘴！」

他是這種態度。

有一段時間，我看著將要分出勝負的棋盤，黑白兩色的棋子排列地幾乎沒有空隙。但我實在是等不下去了，下一秒雙手就將棋盤上的棋子攪亂。我就是這樣一個如此讓人無法置信，我行我素的女孩。

當時他們兩人露出驚愕不已的表情……。

我還記得，一陣沉默過後，中田立刻大發雷霆的樣子。

「我簡直受不了，這傢伙是怎麼回事，但那個時候，塚田可是一點都沒有生氣啊！」

丈夫看著眼前的我，簡直像是對著那個十四歲女學生似的，用著與話語相反的眼神看著我，一邊苦笑地說著。

如果我沒有做這件事的話，那個時候會是誰贏呢？

就這樣，在病情比較平穩的日子，我們兩個人聊著往事，享受著寧靜的時刻。我非常希望這樣的日子可以一直持續下去……。

那個時候，丈夫或許是感受到自己的死期將近吧，終於從長年以來不斷苛責自己的「因為倖存下來才有的痛苦」中解脫出來，露出非常平靜的表情。不過，他這樣的表情，對我來說卻是相當悲傷的。

我希望你活下去，這不是真正的你，趕快回到你以前身體健康的時候，那個心情不好的樣子！

在我們全家人都不知道的時候，丈夫留下了一首辭世之詩。

與戰友翻越，無數山河，

五十年後，再次相逢於空中。

這首詩道盡了丈夫內心所有的話。在漫長歲月中讓他感到痛苦的重擔，終於可以放下了。我想他一定是懷抱著如此的心情放下一切，這是無庸置疑的。

雖然丈夫以前幾乎不曾主動跟我聊些什麼，如今回想起來，倒是經常用著依依不捨的語氣和我提起：

「在台北車站月台分別的時候，從來沒想過還能再與你相會啊。」

他的眼神望著遠方，深切地說著。

丈夫與塚田他們從台北車站出發，前往位在花蓮的特攻基地，是在昭和二十年五月中的事。

那天因為有學生義務勞動，從早上開始我就在女學校的教室裡，正捲著妨礙雷達偵測用的錫箔膠帶。這時候長姐忽然打電話來通知我說：

「聽說塚田他們，突然被下達出擊命令了。他們要搭下午從台北出發的火車喔。」

「因為我哥哥要出發前往戰地，請讓我去送他一程。」我隨便找了個理由向學校早退，然後馬上前往台北車站。

他們五、六個人一起出發，塚田跟我丈夫坐在靠窗的座位，面對面坐著。雖然我沒有印象，但聽丈夫說，來送行的我一直掛著一張哭喪的表情。

發車的長鈴聲響畢，蒸氣火車開始匡噹匡噹地跑起來，這個時候塚田突然伸出手臂，握上了我的手。

那時候的塚田，露出一副哀傷的眼神……如果我現在放開手的話，無異於與世長辭。他一副想要說出這些話的樣子，緊緊地握住我的手不放。

火車沿著台北車站深長且微微彎曲的月台跑了起來，我怕自己跟不上會被火車拖走，只能拚命地跑，用著連我自己都害怕的速度，跑得上氣不接下氣。但是，終究到了必須放手的時刻，看著火車窗邊的塚田、我的丈夫、以及許多朋友們，每看一眼，他們都變得越來越渺小，那麼多隻手，都在向我訴說著「再見了」。至今我腦中似乎還浮現出，我淚眼婆娑地看著大家搖晃的雙手。

那一天，在台北車站告別的幾個人之中，倖存下來的只有丈夫一人。現在想起來，從那一天到今天，真是一條漫長的道途。

如今他罹患疾病，離死期不遠，但在面對「那張相片」裡的同伴時，總算不必感到自卑了……，到了這個時候，他似乎才是第一次真正獲得內心的安詳。正是因為倖存下來，他才走完了這充滿了痛苦的人生，如此說來也未免太可憐了。

他唯一的救贖是有了兩個孫子，這讓他如同變了個人似的，用著平和的笑容與他們相處。孫子們也比家中所有人更喜歡爺爺。

兩個小孫子，經常會為了爺爺下班路上買回來的蛋糕，跑到車站的半路上去迎接爺爺回家。現在我眼前仍會浮現，三個人在夕陽下手牽著手一起回家的樣子。

「我們不要好高騖遠，必須低調地活著。」過去丈夫劈頭反對兒子報考私立中學。不過，兒子後來由開成中學考入東大文學系，畢業之後甚至以當醫生為志向而考進千葉大學，最後取得醫學博士學位。這始終是丈夫偷偷引以為傲的一件事。

「他的頭腦很好，是因為我的遺傳。」

這樣的話，他只對我高興地說過。

應該是往生前一個禮拜的時候吧，我握著他的手說：「抱歉，我總是在工作……不是一個好太太。你應該娶一個比我更賢慧的女人才對。」

丈夫笑著回說：「沒有這回事，我很快樂啊……」當時，他那靦腆的笑容，是至今能夠減輕我心中虧欠他的唯一一件事。

如果世上真的存在所謂「命運的紅線」，而且一切來自於神的關懷的話，那麼神的意圖究竟是什麼呢？如果，娶到的是除了我之外，比我更深思熟慮、溫柔且賢慧，不，甚至是進取、有常識且正經的女人的話……，或許他可以更加更加地長壽吧。

不過，我跟他說：「下次投胎，我們還要再結婚吧。」他高興地不斷點頭說：「好、好。」

現在我還是覺得，我和丈夫共同度過的日子是幸福的，來世投胎後要嫁的對象，除了他之外也沒有別人了。

第13章 命運的分歧點

「花蓮港」，作為特攻出擊基地的這個地名，長年以來，是遺留在我心中的一段悲傷回憶。

一直到今天，我有過好幾次，因為小學同學會或者其他聚會的關係，能夠造訪台灣。而每次訪台，也都會有花蓮的付費行程可選，但我卻一次都沒有去過花蓮。因為在我的心裡，長年以來都不斷地排斥著這個地名。

在我還是十四歲的時候，每每從特攻隊員口中聽到「花蓮港」這個地名，我總是會被黑暗且恐怖的感覺束縛著。

因為「前往花蓮港」這件事，就代表著出擊……更是意味著今生的永別。但是在他們之中也有人沒頭沒腦地說著：「小芳，花蓮港也能說是不歸港[9]啊。」這類聽起來像是鬼扯一般的同音笑話。

那時候我和他們一同呵呵地笑著，但離別的哀傷與恐懼，卻在我心中蔓延開來。

還有人完全不以為意地笑說：「其實啊，去花蓮港坐軍用卡車也會到。但那條路非常顛簸搖晃，要是流產就不好了，所以要坐火車去啊。」

究竟是什麼原因，讓他們如此達觀，讓他們心懷信念，無比堅強，而且悍不畏死？

即使到了現在，我仍然嘗試著要想起，在那個當下，倘佯在那些年輕人心中最真切的一面，他們真的完全不畏懼死亡嗎？這個答案我始終找不出來。

他們對於為國捐驅，絲毫沒有一點恐懼。這是真心話嗎？難道不是只有表面上如此嗎？

但我能夠確定的是，在他們心中曾有過「放棄」。這是千真萬確的。說到這兒，在很久以前，我曾經聽過丈夫不經意說溜嘴似地嘀咕說：「我曾以為，這條路終究還是逃不了的。」這似乎是在透露他的真心話。

到了現在，我仍然感到後悔，要是能聽他多講一些事就好了。

就在這個時候，在那一張相片中的其中一人，織田保也少尉，他的弟弟織田昭次帶著兄長的遺書，來到我家拜訪。

這是因為平成二十一年（二〇〇九年）那年，我接到某電視台的聯繫，他們告訴我，他們打算作為終戰紀念日相關企劃的一部分，以特攻出擊前一晚拍攝的「那張相片」的故事為題材，製作一齣五十五分鐘長的記錄片節目。

負責的是一位年輕導演，他非常積極地進行著企劃。他做了許多事，開始熱心地蒐集資料，親赴鹿兒島的特攻和平會館，進行了多次的採訪。看到他對節

9 譯注：花蓮港的日語發音與「不歸港」相近。

目製作的熱情，讓我感到很敬佩。我想我應該也能幫上點什麼忙，心想著能夠多採訪一個家屬也好，於是翻出了丈夫所屬戰隊的戰友會名簿，尋找住在附近的人。

住在千葉縣的織田昭次，就是為了配合電視台的採訪特地前來我家，那天是節目播映前夕的酷暑夏日。他帶來了當時真實記錄了到出擊前三天為止的兄長的日記本。在那本老舊的大學筆記本中，寫著給雙親的遺言。

看到他對於死亡沒有任何一點猶豫，奮勇衝向敵艦的那個決心，讓我再次感到痛心。

昭和二十年六月十八日

受神威特別攻擊隊隊長之命

織田少尉

人生二十有三年，感謝在父母親大人及各位的庇護下，無病也無傷，得到幸福的半輩子，且還接受專業教育，習得相當程度的知識，逐漸成為通達事理的社會一分子，能走到這一步是父母親大人付出的辛勞，保也對此泣謝。

在個人看來，無論如何，我們散落，心中並不全然沒有留戀於彼此間的情感和恩愛之中。但如您所知，在此情勢下，請原諒我捨棄親情，選擇為國家大義而活。

然而，無法對父母親大人盡孝，連萬分之一的皇恩也無法回報一事，我也感到惋惜。

考慮到中田、塚田、渡井等人的雙親立場，不僅對於他們武運之幸感到高興，我心中亦是喜不自勝。唯有替我祈禱命中敵方的機動部隊。

「這是哥哥的日記本」，織田少尉的弟弟如此說著，拿出老舊的筆記本給我看時，我完全沒有想過在這本筆記本裡竟然寫有遺書。

寫下的日期是六月十八日。織田出擊的那天與塚田一樣是七月十九日。也就是說這封遺書在三十天前就已經寫好了。

一路往下閱讀時，在遺書的最後寫著：「考慮到中田、塚田、渡井等人的雙親立場，不僅對於他們武運之幸感到高興，我心中亦是喜不自勝。」我的目光停留在這一段話上。

「中田，是指我丈夫嗎？」

果然沒錯！織田少尉寫下遺書的「六月十八日」這個時間點是以他擔任「第二次神威特別攻擊隊」隊長時，丈夫身為其中一員應當已經出擊了才是。

如果那天，天候沒有不佳的話，丈夫確實是已不在人世了。出擊取消之後，沒過多久又再重新編制的「七月十九日出擊」隊員當中，不知道為什麼只有丈夫一人被剔除在外。

而且，代替丈夫被新指名擔任當天四台編隊中的其中一人，是笠原卓三軍曹。

或許是軍部上層在作戰上有什麼更改吧。

沒想到戰爭情勢自此驟變，他們應當沒人料想到戰爭會結束。或許他們單純只是抱著「你下次再出擊」的想法，將我丈夫排除在外的吧。

但是在那之後不到一個月，戰爭就結束了。這大大地改變了他們的命運。

丈夫生前感到愧疚，不斷自責的原因是，如果那天天候沒有不佳的話，笠原軍曹或許就不會死了……這個想法在他腦中一生揮之不去。

「天候不佳導致出擊延期，甚至持續地替換人員。」這些話，我從丈夫那裡只有些許聽聞。

但即使如此，我仍是半信半疑。因為我覺得這樣的事情，跟一個人的生命如此相關的重大要事，就算是長官，也不能一個指示說改就改。是不是丈夫想太多了，我曾經一直這麼認為。

雖然沒有什麼實質的證據讓我確信，但不知道為什麼我不願再多想一層。

不過現在想一想，在其他方面，丈夫有許多事情都會毫不隱瞞地與我分享，唯獨關於更換隊員的事，他交代得含糊不清，似乎盡可能地避免詳談。「我不想說」，或許就是丈夫的真心話吧。

因此，在讀到織田少尉弟弟帶來的遺書之前，我無法完全掌握事實的確切樣貌。又或者是說，我害怕知道更多更詳細的事情。

因為關係到一個人的「生死」，這簡直可以說是「神的權能」才能做的決定。不過，現在我才發覺到，這些證據清清楚楚地擺在眼前。織田少尉的遺書中所寫的「中田」二字，在我腦海中引起巨大的漩渦，我覺得自己終於理解到，丈夫一生所背負的痛苦，就是從這裡開始的。

昭和二十年（一九四五年）六月的某天，台灣東北部一帶天候不佳，就只是這個原因，讓兩個人的命運產生巨大的轉變！一個倖存下來，一個與世長辭。

本來，這只是件出擊時間前後對調的單純命令而已，總有一天我丈夫也會收到命令，早晚要和他們一樣喪命才對。如果那時沒有畫下「終戰」這條命運之線的話……。

所以人們並不會認為，當時故意更動這些卒子，是根據長官個人的意圖。

但即使如此，一個人倖存了下來，取而代之的是另一個人從這個世界上消失……。

這是難以改變、沉重的現實。不用多說，另一個人的消失，這對他的家屬、雙親及兄弟姐妹而言，必定是無盡的哀傷。

我這時才初次明白，丈夫比起其他倖存下來的特攻隊員，可以說是異常地拘泥於過去的確切原因。

那是從終戰日數來，已經過了六十五年的歲月，也就是二〇一〇年八月，恰逢丈夫去世十多年的事了。

從那時起，我回想起記憶深處中，丈夫生前在夜晚小酌時，偶爾從口中說出戰爭期間的回憶故事，並且想去確認它的真相為何。

在我年輕的時候，即使丈夫說了以前的事情，因為育兒和工作的關係，我幾乎是心不在焉地將它當成耳邊風。

明明是我期待著與丈夫結婚的，但心中總是不斷地責備他毫無生氣，過著與他背道而馳的生活。

每每聽到同樣倖存下來的特攻隊員，他們是如何當機立斷地改變想法，在社會也站上相當程度的地位，我的內心就無法平靜下來。（為何丈夫如此執著於過去呢？為什麼不能有男子氣概一點，換個想法生存下去呢？）我一直是焦急地注視這一切。

就在此時……超過五十年前的某個場景，突然在我腦海裡甦醒過來。

那是婚後第一次的過年，昭和二十九年（一九五四年），在川崎的丈夫老家，家人全部聚在一起，圍著公婆舉辦熱鬧酒宴時候的事。

丈夫那邊是兄弟四人、姐妹四人，總共八個人的兄弟姐妹。其中三個男的被徵召入伍，但都有平安歸來。除了丈夫之外，他們都是一般的陸軍步兵，不過也是在南方戰線和華中地區，經歷了九死一生的戰場。更不用說丈夫是航空兵，而且還是特攻人員。在這個狀況下三人都能肢體健全地還鄉，家人的喜悅自是不在話下。

在那場新年宴席上，我從丈夫的父親，也就是我的公公口中聽到出人意料的話。雖然酒過三巡，但他還是慢慢地說道：

「阿輝能夠活著回來，都是託山口先生的福啊。」

接著，婆婆口中也說出同樣的話：

「真的是……如果沒有山口先生的話，阿輝會怎麼樣呢？他是救命恩人對吧。」

我還搞不清楚是什麼事情，看著身旁的丈夫。

然而就在此時，我看到從丈夫平時總是陰暗而鬱悶的眼中似乎說出：「不要講多餘的話！」，毫不避諱地向父母親散發出痛苦的眼神。我覺得宛如像是無聲的狂嘯：「住口，不要再講那件事了！」

山口先生是在那張相片中，站在後排左起第四位，名為山口文一（前准尉）的人，與丈夫同是飛行第二〇四戰隊，是他的直屬長官。

他比其他隊員年紀要大上將近一輪，對當時還是小孩子的我來說，與其是哥哥，看起來還比較像是叔叔的感覺。

山口准尉也對我非常疼愛。

他身材高大，是個豪爽且幽默的人。

在戰爭快結束前，他曾一度前往花蓮港，之後因公務回來台北時，順道拜訪我家。他與父親舉杯交談，當天被父親留下來住了一晚。天亮時，父親問他：「山口小弟，昨晚睡得好嗎？」

「其實，有蚊子飛進蚊帳裡很吵呀——。然後我留了兩隻，沒有將牠們打死。因為要是絕子絕孫就太可憐了。」

他一臉認真的表情說出這樣的話。他不論什麼時候都是這種調調，所以他在我們家非常受歡迎，受到姐姐們的喜愛。

我最近才知道，山口文一准尉是陸軍戰鬥機飛行員當中，駕駛技術極為精湛的人。在昭和四十八年出版的《日本陸軍戰鬥機隊：王牌駕駛員列傳》（酣燈社出版）裡，是名列其中的優秀駕駛員。書中清楚地記錄著，他擊落的敵機有十九架。

他堪稱是戰鬥機駕駛員中的強者，毫無疑問的，或許在二〇四戰隊中，也是如同王牌一般的存在。但是從他的容貌，實在無法想像他有著如此經歷。他總是「吊兒郎當」的樣子，眼睛像大象般和藹，臉上總是掛著一副早已看透人生般的微笑。

戰後，這位山口先生，突然拜訪我們位在東京世田谷的新家，一間狹小的木造公寓。這是過年期間回丈夫老家，發生「那件事」不久後的事情。

那時我們新婚還不到一年，過著不熟悉的都市生活，也沒有朋友，每天都過著寂寞的日子。對我來說，山口先生這位突然的訪客，而且還是與丈夫都認識的友人，他出現在我面前，是件令人懷念且高興的事。那時候山口先生進入陸上自衛隊，在那裡充分發揮自己的才能，已經升到相當高的軍階了。他身穿自衛官的制服，看起來非常帥氣。

「什麼，那時候的『野丫頭小芳』現在是中田的老婆了啊——」

他幾乎不敢相信，一而再、再而三地重複著這句話。

他那幽默的個性和以前一樣，一點都沒有變。

他坦率地笑著說：「那個黑皮膚流著鼻涕的女學生，喜歡的是中田啊……，這可是連我都沒有看出來！是我有眼無珠啊。」

我簡單煮了一些菜招待他，三個人圍著飯桌度過短暫的時光。

不過，那一天怎麼看都不是與懷念的故友溫馨交流的場面。當時高聲談笑的只有我們兩人，丈夫則是始終沉默不語。

更不用說，山口先生還是丈夫雙親提到的「救命恩人」，但是我丈夫卻對他表現不出一絲一毫的感激，更沒有百感交集的重逢……什麼都沒有。

不僅如此，平日已是沉默寡言的丈夫，這時明顯地擺出一副不高興的表情。看得出來前任長官的突然出現，已然造成他的困擾。

當下，我覺得非常奇怪。對於丈夫如此露骨地表現出不快地表情，我並沒有多做他想。（難道是我對山口先生的來訪表現得太過高興，這才讓他不高興了嗎？說不定是吃醋了？）但實際上並不是這麼一回事。

說到頭來，指名特攻隊員，下達出擊命令的應是飛行隊長。當時的飛行隊長是「那張相片」中坐在前排中央的高橋渡大尉。雖然航空士官學校畢業的隊長基本上能夠理解大多數隊員的特性，不過實際在戰場上，安排這些卒子的前進方向，並不可能只交由一個人判斷。一定會有許多位戰鬥經驗豐富的人們來參與出擊隊員的選拔。

雖然這只是我的猜想，那天出擊取消之後，機隊編組也隨即取消，在那之後重新進行編組時，在選擇機組員的時候，想必山口准尉也有參與其中吧？

他身為高橋飛行隊長的左右手，必定有著非常重要的地位。不難想像在作戰上，山口准尉的個人意見會受到重視。

丈夫一定知道這些事。他一定認為，自己是從這個人手中接下了倖存的命運。所以才會對山口先生來訪一事感受到極大的壓力吧。而且山口先生還是前任長官，更救了自己的命，我丈夫想必是不知道怎麼樣才能從這樣的人情債中脫身吧。

我的丈夫長年征戰沙場，和生死與共的摯友們死別，這樣的遺憾，就算是戰爭結束了，也無法輕易地轉換成對救命恩人感激的念頭。

「我根本沒有想活下來的打算。我想跟摯友們一起去死，你為何不成全我！」

在他心中一定翻騰著如此的怒吼。

不過在丈夫的兄弟姐妹看來，只有「我們真是運氣太好了！」「多謝你幫了我們家阿輝！」如此感激的想法。這不是理所當然的嘛。說起來，這不過只是家族之間極度自私的、對於親人的關愛……這又能怪得了誰呢？

在我的猜想中，在我丈夫復員那天，母親歡天喜地出來迎接他，含著淚水，告訴他「回來的好，你能四肢健全回來真好！」給了他一個擁抱。但丈夫卻對母親不經意地脫口說出：「其實我曾一度接到出擊命令，原本要跟塚田他們四個人一起出發。但碰上天候不佳而延期，之後出擊名單重新編組時，因為山口准尉的命令，只有我被排除在外。我是這樣才能回來的。」

如果不是這樣，應該不會從公婆口中聽到「山口先生」這個字眼才對。只是回到父母親的角度來看，「不論用的是什麼方法，只要能夠活著回來，這樣就好了。其他都不值一談。」，他們的心境應該是這樣的感覺吧。

我想，像這樣可以說是差之毫釐，卻失之千里的「命運的捉弄」，在這場戰爭中應該是不勝枚舉吧。

如今，在我手邊，留有一本丈夫所屬的二〇四戰隊[10]（通稱二〇四）的隊員名冊。他們在平成七年（一九九五年）製作了最後一期的會員誌，而光是這個戰隊的戰死者，也有將近五十人。

這幾位倖存者們到了戰後依然有著堅強的羈絆，他們用「二〇四」的名義，到了每年的二月四日，全國的老隊員都會團聚在靖國神社舉辦慰靈祭，年復一年，不曾間斷。

戰死者的家屬也會出席這場慰靈祭，在慰靈祭結束後也會舉辦親睦餐會，我丈夫每年都非常期待這場一年一度的例行活動。

二月初是一年之中最寒冷的季節，年輕的時候可能還沒關係，上了年紀之後還要聚會可就麻煩得很，但即使如此，這個一年一次，能與故人相會，甚至是與逝去戰友的家屬交流的日子，我丈夫是每年從不缺席，準時參加。

直到最近，我透過二〇四戰隊戰友會誌（一九九五年〔平成七年〕十一月發行），想要跟那位可以說是代替丈夫出擊，笠原卓三軍曹的家屬取得電話聯繫。

名冊裡面出現了住在長野縣，笠原軍曹弟弟的名字。如果他還健在的話，應該是八十歲中旬吧。

不過電話那頭出現的，是個擁有沉穩嗓音的中年男性。我向他表明：「我認識生前的笠原卓三，這次為了出版丈夫的追悼誌暨書本，這才向您打通電話聯絡，有所打擾還請海涵。」聽到我這樣說，他顯得非常高興。他告訴我他是笠原先生的弟弟，笠原修先生的兒子，也就是笠原卓三的侄子。另一件消息是他的父親仍然在世，只是現在因腦中風正在住院。

對我而言，要向死去的笠原先生家屬說明自己的丈夫活到了戰後，是一件非常無情的事。聽到家屬客氣地回應，雖然讓我很感激，但我在心情上，終究還是

10 昭和十七年四月，在西滿洲鎮西以飛行第二〇四戰隊為名編組而成。駕駛員主要由當時南方戰線的戰鬥隊員組成。內部指示移往緬甸後，一度回到內地，接著立刻前往屏東、西貢、新加坡，並經由曼谷在仰光進行防空作戰，後來也參與英帕爾戰役。抵達台中後，因面臨美軍登陸沖繩，開始從事特攻作戰，於台北松山機場進行特攻訓練後，移至花蓮港。以八塊（八德之舊稱，現桃園市八德區）為基地參與沖繩作戰。

無法說出更多的事，總之只要能知道對方目前的消息，這就能讓我卸下心中的重擔。我與他約好還會再聯絡，就放下了話筒。

在那之後，我立刻寫信給對方，這位姪子也迅速且鄭重地回覆了我的信件。

敬啟

謝謝您的來信。

我立刻將您寄來的信念給住院中的父親聽，他聽了之後很高興。

信中附上的「那張相片」也拿給他看，「最左邊的人是哥哥」，他懷念地看著。

據父母親說，距今二十幾年前，伯父他們特攻隊最後一次的慰靈祭在九段會館附近的飯店舉辦。那時，我們也見到您先生中田輝雄。中田先生這樣跟他們打招呼說：

「我能做的，僅是目睹並報告卓三先生的特攻戰果，倖存下來的僅有我一人，關於這點我對不起你們。希望有一天能讓我為卓三先生掃墓。」

父親當時正準備代表家屬致詞，腦中只有這件事，記不得其他事情了。不過坐在旁邊的母親說，中田先生是位非常有教養的人，讓她印象深刻。

這是一封文筆非常好，而且充滿心意的信。

因為是我先單方面地打電話與對方聯絡，總覺得事出突然，相當失禮，所以讀完這封信後，我如釋重負。

我這時才知道，丈夫在靖國神社的慰靈祭上，是用這樣的形式向笠原的弟弟道歉。

我想：「他一定是不想對我這個妻子說吧。」我察覺到了那時丈夫的痛苦且複雜的心情，這讓我陷入一種難以言喻的悲憫。

明明這絕非丈夫的過錯，事情會變成這樣也不是由丈夫決定的，但即使如此，他還是抱著「我對不起你們」這樣的想法，不斷地責備自己倖存下來，直到人生結束。因為他就是這樣的人。

再加上，當時的我與丈夫背道而馳……。對丈夫而言，想要吐露內心不得已的苦衷，毫無疑問地，我是個太過遙遠的存在。可憐啊，他碰上的是什麼樣的妻子啊。想到丈夫當時的心境，我的心情已經無法自主。現在不論再怎麼道歉，事到如今也無法改變什麼了……。

就算是這樣，戰爭是多麼殘酷！愚蠢！把人命當作是抽撲克牌一樣，簡直像是在玩一場名為「戰爭」的遊戲，這般殘忍無情的行徑……。

那時，在長官們的思考邏輯裡面，恐怕只有著「為了交出戰果應該要先出哪一張牌，哪一張牌移到後面出才更能發揮效果」這類內容，在他們看來，每一個人的「心」與「人際關係」，必定是毫無意義的東西。

即使從山口先生的角度來看，他在決定出擊名單時，也不會參雜任何一點個人的想法，一定是先想著如何讓戰況對日本有利……。

不過，他與部下們長年生死與共，從戰場中歷劫歸來，這些部下應該都是受他照顧且優秀的駕駛員才是。山口先生或許也是被迫於無奈之下作出了選擇吧。畢竟沒有人會知道，在那之後不到一個月，戰爭竟然就結束了……。

所以與長年如影隨行的摯友分開時，無論丈夫如何責備自己，我也只能說，那時候，除此之外別無選擇……。這正正是「戰爭」帶來的無盡恐懼，而且橫蠻無理。

我心中對這整件事情有著無法言喻的憤怒，我想要用實際的聲音，在我有生之年內，將這個事實傳達出去。即使我身為最後的說書人，仍然還有許多事實，我無論如何都得傳達下去……，我不禁這麼想著。

那個十四歲的夏天，那些我用自己的眼睛看到的事情，我不只要說給死者的家屬知道，更必須將這些故事傳達給後世的人們……，這樣的焦躁感，沒日沒夜地湧上我的心頭。

第14章 保管四十六年的遺物

那一天，高田對我說：「如果你回到內地的話，可以將我的領巾和大家的集體簽名交給母親嗎？」「嗯，好啊。」而我輕易地答應下來⋯⋯。雖然那是發生在昭和二十年（一九四五年）上旬發生的事，但無論是在遣返的時候、前往鄉下工作的時候、結婚去到東京的時候，甚至在那之後又歷經了好幾次搬家，我也一直將高田的領巾和家族相片帶在身邊。

高田家的地址，我如果想找的話一定可以找得到。如果我記得沒錯的話，他應該是畢業於「少年飛行兵十三期」，因此以這個關鍵字為線索去調查，或許就能找到。只是在我的心裡面，好像有股什麼讓我不想特地去找的感覺。因為送還遺物這件事，反過來看不就是在重新喚起家屬的悲傷嗎……像這樣的顧慮，一直存在我的心中。

不過，卡在心中的那股「什麼」的心情，我是在四十幾年後，才領會到這有著出乎意料的重大意義。

我記得應該是平成二年（一九九〇年）左右的時候，在我上面一個的節子姐姐突然說：

「我們三姐妹要不要去一趟鹿兒島旅行呢？」

「有個叫知覽的城鎮，那邊有特攻隊的紀念館，裡面擺著許多因特攻去世人們的相片喔。」

那時我們三個已經都是六十歲左右的老太太了，長姐住在福岡、節子姐姐住在廣島、我住在千葉，彼此還真是分散在各地。

「當年那幾位的相片，也一定擺在那裡吧。趁我們還能走動的時候，三個人去個一次看看吧。」

果然在姐姐們心中，應該也有著許多回憶才是。

我們三姐妹齊聚一堂，前去參訪知覽和平紀念館，是在那一年的深秋時節。公車從 J R 車站出發，在前往紀念館的路途中，可以看到沿線的路樹染著楓紅，整排白色的燈籠沿路高掛在紅葉間。

我們走進紀念館，就被館內展示的大量相片，震驚得說不出話來。詢問之後才知道，在這間知覽和平紀念館內，奉祀著一千名以上的遺照。遺照的樣貌也是五花八門，有飛行帽上綁著帽帶，樣貌英武的人、也有臉上帶著微笑的人。我一面想著，（難道要我從這麼多的相片中，一個一個去找出來嗎？）這讓我感到有點不知所措。

遺照被區分成幾個區塊擺放，看起來在入口附近的那一塊總是人多混雜。我們三個視情況往前走了幾步，從中間的區塊開始分頭去找。

沒想到，就在我們選上的第一個房間，才剛踏入第一步，我們就倒抽了一口氣。真是令人驚訝，我們找都不用找，高田那凌厲的眼神就直射著毫無準備的我。「唉呀！」我不禁放聲大叫。與這張「相片」再次相遇，就算是偶然也未免太巧了。

姐姐們也顯得茫然若失，頓時杵在那裡，直視著那張遺照。

高田或許一直在等著我吧。他或許坐立不安地，一直在這裡等著我。

他戴著飛行帽，用著他特有的，那副像是要射穿一個人的凌厲眼神，彷彿大聲地罵著我：「小芳，你到底在幹什麼！我交給你的東西，你要什麼時候才會幫我送回去！」我在心中只能重複好幾次：「對不起！」

找到高田之後，從「那張相片」中的塚田、織田、笠原開始，還有其他亡故者的遺照，我們也全部都找到了。這些遺影，與過去跟著大夥們在「梅屋敷」和「台電俱樂部」的風景，在我的記憶中再次交疊，讓我回想起那段逝去的漫長歲月。

趁這個機會，我立刻拜訪和平紀念館的辦公室，將自己與高田在台灣相遇的事詳細地告訴他們。

「我想把他寄放在我這裡的遺物送回他老家，還請告訴我地址……」我如此拜託對方，對方就爽快地告訴我他的地址和電話號碼。還好，那時候不像現在有什麼個資保護法。

我藉此知道高田出身於富山縣西礪波郡，現在的南礪市。

「我住的鄉下積雪很深。」

我想起他在滑船的時候，不經意脫口而出這句話。我總是不自覺地以為下雪就等於新潟縣，所以一直深信高田是新潟出身的人。

旅行結束回家當晚，我立刻照著館方給我的電話，與高田的家人聯絡。接電話的是那張家族照中，當時年約二歲的嬰兒，他的弟弟。

他驚訝到幾乎說不出話來。

「我們至今為止都沒有收到這類訊息，只有寄來一張戰死通知而已。所以母親一直無法接受哥哥的死，『他可是豐志，他一定是還活在南方的某個島上』，她四十五年來是這麼相信著，在哥哥遺照前每日三餐供奉飯食。這還是我們第一次收到與哥哥有關的聯絡。」他比我預想中還要高興。

「令堂是否還健在？」

對於我的問題，弟弟突然低聲地說：

「去年往生了。還沒有一年。」

（我晚了一步！應該要早一點跟人家聯絡的。）我內心深感後悔。

不過接下來弟弟所說的話，讓我感到稍微心安。他打斷因為延遲寄送而頻頻道歉的我，說道：

「母親能如此長壽，一定是她相信哥哥必定在哪裡活著……我想必定是這樣，沒錯。」

他像是安慰我一般地說著。

搞不好，那個故意攔著我，不讓我有所行動的，就是是高田自己也說不定。

的確，如果是在終戰後不久，或是二十年前，還是三十年前寄送的話，他的母親在那個時間點，即使不願意也得接受兒子的死。（他一定在哪裡還活著！絕對會回來的！）她抱持著如此堅信的意念，成為了她的生命力，才能讓她活得長壽吧。

想想，在他母親去世後不久，我們三姐妹就浮現想去知覽和平紀念館的念頭。這是什麼樣的偶然啊！保持著空白的四十六年，所代表的深遠含意以及無法解釋的神祕性，讓我不得不再次相信，高田那無與倫比的強大靈魂。

但是不管怎麼說，還是對她感到抱歉。他的母親常常掛念說：「豐志倒底吃了什麼東西呢？」這也是沒辦法的事。在新幾內亞等地的南方戰線，有些地方因為食物短缺，餓死的士兵也不在少數。

「在台灣有著豐饒的食物，部隊也特別配給食物給特攻隊的各位，所以他們吃的食物跟現在的日本相比也毫不遜色喔。」在我回答的時候，腦中浮現了那位阿松伯母、以及梅屋敷內手藝很好的廚師，他們幾位的容貌。因為終戰後不久的時局混亂，我連打個招呼都辦不到就這跟他們分開，真是一群讓我懷念的人……。

這個時候我也從電話中知道，對方的女兒，也就是豐志的姪女，也住在千葉縣，而且離我們彼此最近的車站，同樣都是「幕張本鄉」的時候，我非常驚訝，這又是一個偶遇之緣。

我立刻與她取得聯繫，請她前來我家。

這位名叫真紀的小姐，與住在東京都內高田的妹妹，兩個人要一起過來，於是我開車前往ＪＲ幕張本鄉車站去迎接她們。

載著她們兩人在路上時，我們又遇上不可思議的事情。

在車子駛離車站不久後，車子的擋風玻璃前方飛來一隻美麗的鳳蝶，他好像在向我們招手似的，翩翩起舞。那是個令人窒息般的光景。

「啊！是豐志哥哥呀，一定是！」

高田的妹妹嘟囔著。就在瞬間，蝴蝶輕輕地貼在眼前的擋風玻璃上，即使車速頗快，但他還是停著一動也不動。停紅燈的時候，他也只是微微地拍動翅膀而已。這一帶平時不太有機會看到蝴蝶的。經過這件不可思議的事，我內心激動不已。

來到最後一個紅燈的時候，他像是依依不捨與我們道別似的，展開雙翅飛向廣闊的天空去了。我們三個人沉默了一段時間，眼光追著他離去的方向。

人的靈魂會化成為蝴蝶現身，以前我就聽說有這種說法。我認為，那天的蝴蝶毫無疑問一定是高田沒錯。

在那不久後，我從羽田搭飛機前往富山。為了將四十六年漫長歲月裡寄放在我這裡的白色絹絲領巾，以及寫在手帕上的集體簽名交給他的家屬。為了我少女時期的重要回憶之人，為了實現與高田的承諾……。

這天，為了迎接我的遠道而來，高田的親戚們都回到老家，也不記得講了多久，大家都沉浸在回憶豐志的話題裡。我也得以掃墓祭拜高田，慢慢地回想這段，流逝在與高田之間的，四十六年間的漫長歲月。

在那邊，我也得以讀到高田在三年間寫下的詩集傑作《詩日記》。

他的每一首詩，讀起來的感覺，都會把高田的完美合理性格忠實地呈現出來。我從來沒有想過，他是能創作出如此高格調詩詞的人啊，這更加打動了我的心。

每天過著無法約定明天的日子。一味地等待著不知何時會下達命令的日子……想必在這段持續被強烈糾葛所折磨之時，賦予自己「一日一首」，作為心之歸處而不停創作的短詩日記。至少在作詩期間，可以心無旁騖，就能從巨大的壓力中解放出來吧。

高田的詩集傑作，現今在富山縣遺芳館這個地方，與其他戰死者的遺物一起珍藏著。另外，也有集結成書，在網路上搜尋「高田豐志」就可以閱覽全部的內容。

如果他們沒有被捲入戰爭，能活在和平時代的話，一定是各自擁有光明燦爛的未來……。那場戰爭，日本失去了多少優秀的人材，我認為是無法估計的。

由「BS日本電視台」所策畫的紀錄片節目《無論如何也想傳達的一張相片》，其製作在這之後也著實地進行著。

在這期間內，我又再次前往拜訪高田在富山的老家，加入了家屬訪談的企劃。由於製作預算不多，我與導演兩人早上從羽田出發，當天來回，以最快的速度進行拍攝。

不過對我而言，距離上一次寄送遺物至今，已是睽違十九年再次與家屬相會，開心到連一點疲憊都沒有。反而是我受到對方家人情盛款待，療癒了內心，充分了解豐志幼時的事情，度過滿足充實的時刻。

之前拜訪時他們就有讓我參觀一棵樹，據說是昭和十七年（一九四二年）豐志離開家時，父親在庭院裡種下的檜木苗。這棵樹已經長成不可同日而語的大樹，高度都超過了二樓屋頂，著實令人吃驚。

這棵大樹已經長到雙手已無法環抱的程度，威風凜凜的姿態，看起來就像是高田家引起為傲的象徵。

歲月流逝，六十五年。不過家屬們的思念並沒有隨著歲月增長而有所改變，至今仍長遠地流傳下去。這次拜訪高田家，我重新感受到了這一點。

我將雙手手掌壓在結實地樹幹上，似乎聽到高田嘟囔著開始說話，有那麼一陣子，我只是站在那裡，一動也不動。

第 15 章 花蓮的那片海

「花蓮」，有好長一段時間，我連想起這個名字都會覺得痛苦，心裡面一直排斥著這個地名。但曾幾何時，腦海中逐漸有了一個念頭，想著總有一天，我非得親眼看看那片大海。這個念頭，隨著歲月流逝，益發顯得堅定……。

那兒是他們幾位，在人生終點所見的大海。我總覺得，我得趁著身子還能動的時候，用我這雙眼睛好好地看看，那片他們振翅翱翔，揮別祖國後，飛越的大海。

那一天，他們又是懷著什麼樣的心情，握著操縱桿的呢？

高田……塚田……織田……，還有笠原。

他們在這片異鄉之地，在台灣的花蓮，各自思念著故鄉的父母，度過人生僅存的短暫片刻……。

沒過多久，我就有了拜訪台灣的機會。

我還在台灣的時候，就讀的小學名為「建成」。而建成小學的同學會，在睽違三年之後，即將在台北舉行。我想趁這個機會走訪花蓮，並且取個海邊的外景，因此電視台的導演，也會隨行參加這場同學會。

我的母校「建成小學」的建築物，如今還維持往昔的模樣，現在則是以「建成國中」這間中學繼承下來。

這片校舍是在一九一九年，由日本人技師所建造。建築物是由紅磚瓦砌成、並且有著左右對稱的特色，是一間美麗的校舍。這兒從終戰後不久，有很長一段時間都作為台北市政府來使用。

即使到了現在，這兒的在校生們，還是會對著我們這些七十年前的畢業生，用著結結巴巴地日語說著：「學長姐，歡迎回來！」溫暖地迎接我們回母校。

平成二十二年（二〇一〇年）六月，我們這些總人數高達七十名，而且平均年齡八十歲的人們組成旅行團，辦成了如往常一般的日台聯合同學會。當中也有高齡九十歲的人參加，我想他們應該是抱著「這次是最後一次訪台吧」的心情吧。當然，我也是這麼想。

同學會結束的隔天，我就跟導演前往花蓮。當然，拍攝那片大海是我此行的重要目的，不過我心中卻偷偷想著另一件事，在那張團體照中，十九名年輕人互相勾肩搭背，豪爽地大笑的地方，那個出擊前一晚，大夥們喝著離別交杯酒的那個宴會場，我一定要將它找出來。

找出這個地點，這也是導演從很久以前就殷切期盼的事。

我們從台北車站搭乘火車前往花蓮，在車站前招了計程車代步。

不過，要找到這個地點，比想像中還要困難許多。我們雖然看著地圖，去電花蓮觀光局尋問、也按照觀光導覽手冊繞了許多地方，但畢竟已是六十年以前的事了。即使是當地人，如果沒一定的年紀，也不會擁有戰爭當時的記憶，這讓我們完全掌握不到任何線索。

我們唯一的救命稻草，是現在也還住在台北市的片倉佳史先生，由這位研究台灣的作家所提供的資料。我們跟片倉先生，是在前一晚同學會的時候偶然認識的。他雖然年紀輕輕，卻是研究台灣統治時期歷史相關資料的頂尖人物，他告訴我許多關於舊特攻基地的重要資訊。

不過即便如此，也很難確定那張相片的拍攝地點。我在計程車上，才在想著應該是這裡的時候，片倉先生打了我的手機，他給了我們情報說，會不會就是在東華大學附近。

但是，當我們到了東華大學，向學生們詢問相關情報，也沒有得到任何線索。就在我們快要放棄的時候，我忽然看到導覽手冊上寫著「松園別館」這棟建築物。我發現手冊上面介紹說：「這是日治時期由軍部建造的建築物，曾經也與軍司令部有所關連。」我心想著總之就先前往這裡吧……，計程車再度跑了起來。

那一天的天色灰暗，似乎隨時都會下雨。明明才剛過了下午三點，天色卻宛如黃昏一般，令人感到不安。如果就這樣找不到的話，那該怎麼辦才好？不僅是我心中感到焦躁，導演的表情看起來也是一樣。

我們終於找到手冊上寫的松園別館，一進門，映入眼簾的是一棟讓人不覺得歷經風霜的建築，顯得相當時尚。而且還是一棟展示著美術雕刻作品的美術館。這裡也沒什麼觀光客，我試著詢問館員，但對方完全不懂日語或英語。沒辦法，我只能和導演兩人先上二樓看看。

我站上設計高雅的陽台，眼前是成列的松樹，以及遠方一望無際的藍色大海！

一片令人嘆為觀止、美麗的水平線，無遠弗屆。

啊！大夥們都是越過這片海洋，前往沖繩的啊……。一想到這兒，我的心中充滿激動。

這樣就好，只要能看見這片海就夠了……。我深懷著心中的感慨，有那麼一陣子，眺望著美麗而整齊的松林，以及遠方一望無際的太平洋。

就在這個時候，有兩位看起來像是父子的男性觀光客，從我後面經過。

或許可以有什麼頭緒吧……，我抱著僅存的一絲希望，立刻開口問了他們。我想如果是那位年輕的兒子，應該會懂英語吧。「不好意思，您會說英語嗎？」我問他。但是他歪著頭，彷彿我問了什麼不好回答的問題一般……。隨即，那位像是父親的老人說了：「我不知道。」雖然他帶著台灣人的腔調，但是明確地以日語回答我。

「唉呀，您懂日語啊！」

「一點點、一點點。」

我一邊感到驚訝，又想著還好能夠溝通，交雜著手勢，慢慢地一句一句說出：

「以前，在這一帶住著日本特攻隊的人們……。」

這位父親打斷說：

「對，這裡，就是這裡。日本的特攻隊一直在這裡唷。」

他用雙手告訴我這裡是他們曾經待過的地方。

我與導演不禁彼此互看對方。

啊，果然這裡就是那個離別宴的拍攝現場！那一天，在即將出擊之前，他們彼此交杯喝酒，度過永別時光的地方！

我淚眼盈眶。

因為已經過了六十五年，鋪有塌塌米的房間不可能一成不變地的留著。這間鋪砌著木質地板的，裝飾著許多木雕的美術品的大宴會場。沒有錯，六十五年前，這裡就是那張拍攝出擊前一晚相片的地方。

（我終於來到這裡了！）我感到體內緊繃的神經，正一點一滴地放鬆。

我把那重要的「那張相片」，以及高田伍長的那張「全家福相片」取出來，併排放在陽台的欄杆上。

「你們看，這裡可以看見海唷……是你們每天眺望的大海唷……。」

他們各自展翅飛翔，前往沖繩的時候，越過的那片大海，如今寬廣地映入我的眼簾。這就是那片六十五年前，目送著年輕的特攻隊員最後身影的「花蓮」之海……。

雖然天色是一副隨時要下雨的模樣，但是近海不見白波，海面露出穩靜的表情，只見陣陣浪花打上岸。

在待命的計程車上，有我備好的花束，我去取了過來。穿過風勢漸強的沙灘，走到浪花湧上的交際處。走在沙灘上的時候，只聽見海浪拍打的聲響中混著遠方海鳥的啼叫聲。海邊幾乎沒有人影，只有自己踩在沙灘上沙沙地腳步聲傳入耳裡。

「我終於來到這裡了！」

我不禁又再一次地說了出來。

回想起來，這真是一段漫長的路。

在十四歲的夏天裡相遇的人們……。在我看來，那些年輕人活著的每一天，都宛如迎接著自己生命的餘暉。而他們一個接著一個消失在我眼前，那時候留下的哀傷，如今仍在我的心裡留下一道深深的傷痕。

我跟他們倖存下來的其中一人結了婚，走過了各種心路歷程，如今能夠站在這片充滿記憶的海邊。丈夫也早已不在人世，能夠訴說當年舊事的人，是一個也不在了……。

所有的事情都像走馬燈一樣，從我眼裡浮現後又消散而去，令人感慨萬千。

那個留著西瓜頭的女學生，在學校回家途中闖入料亭「梅屋敷」，從樹蔭底下伸長脖子忘我地偷窺著……。

從那一天開始，到走過八十歲階段的今天，我一直被悲傷的戰爭記憶，無止無盡地糾纏著。要說這就是我的人生，一點也不為過。因為戰爭不是只出現在戰場，同時也出現在人的心中，成為「創傷」，無論何時都揮之不去。

當年我從未想過，自己的遭遇不僅稀有，更是命中註定。如今回想起來，那時候好像是被吸進去一般偷偷地潛入梅屋敷，那並不是出於我自己的意志，真的是一種被什麼人在我背後，將我推進去的感覺……，我不得不這麼認為。

「或許我是受到某種力量的牽引，將那些年輕人的想法傳達給後世，就是我身負的任務。」我這麼說，或許會被認為這是什麼怪力亂神的講法！而被一笑置之。不過我確實是這麼想的。

我總覺得，眼睛一閉上，台灣的夏日午後那帶點慵懶的氣息中，那些日子裡年輕人閒話家常的聲音，至今仍留在我的耳裡。

那些都是再普通不過的日常對話……遠方不知為何總是傳來唱盤的歐洲探戈〈碧空〉的哀傷旋律。還有大家喜歡聽的〈太太，請出您的手〉和〈夜晚的探戈〉

等等……。

在那個時刻，他們的確是活生生地，而且是群身體強壯、心靈健全的年輕人！那些日子裡，他們露出亮白牙齒的笑容！如果能夠就這樣活下來，他們彼此會過上什麼樣的人生呢？

雖然我沒有虔誠的宗教信仰，但是至今為止在面對痛苦的事情或是充滿感恩的心情時，經常在心裡與那時候的他們進行對話。

我隨著年紀增長而變得脆弱，但是大夥們無論何時還是像那時候一樣，都是些體魄強健、不拘小節的年輕人。即使我有些迷惘，偶爾向他們祈禱、說說話，卻總是能夠得到解答。

他們是我人生中永遠的指南針。我的人生到目前為止，不知道從他們身上得到多少力量。

在我人生的最後之際，不僅是對活著的家人和朋友，還有要對那時的大家說：

「謝謝！」

話雖如此，我也擁有「與眾不同」的人生。

從幼時開始我對「文字遊戲」極為有興趣，更將這興趣寫成書籍出版。我是個「回文作家」[11]，甚至我擁有「逆歌」[12]的專長，不知不覺中，這二十年來登上各民間電視台，以及NHK、BS、CS頻道的各大電視台。

但是我時常忍不住想，自己的個性如此與眾不同，是不是「因為與過去有過什麼，才造成我這樣的性格？」如果被說這未免太牽強，那我也無話可說，不過對我而言，我認為「過去」不僅僅是「逝去之事物」，而且無可避免地感到它總會再度回到我心中，像是一個「回歸之所」。

我十四歲的夏天的確已經是遙遠的過去，即使如此，如今在我心中，它仍是在脈搏跳動的每一刻當中鮮活地甦醒過來，永不停歇。

那是我永遠的夏天。

那一天逝去的年輕人們，確實是一直活在我心中！

他們不得不在台灣這個異鄉度過人生最後的時刻，對他們而言，我大概是能夠讓他們想起故鄉家人，像是契機一般的存在吧。我希望自己這樣的想法是對的。所以，我無論如何都要親眼目睹他們最後所見的這片大海。

我捧著花束，腳踩著沙粒走到灘邊，就看到大得超乎我想像的巨浪打了過來。我覺得，這波滔不歇的巨浪，也像是人類的呼吸，就好像地球本身是活著一樣。那一天的年輕人們，在這片大海遙遠的某處沉睡著吧。他們細小的碎骨化成白色的貝殼，被大海溫柔地擁抱著，如今是否還隨著海浪漂流呢……。

---

11 回文作家：回文指的是由上往下念或由下往上念意思都一樣的文章。筆者擁有回文創作的專長，是朝日新聞投稿欄的常客，其作品數度刊登於報紙上。筆者將日本國內七百八十三個城市全數以回文創作，並收錄於《日本全國當地回文》（日本全国ご当地回文）一書中，二〇〇九年由太田出版社發行。

12 譯注：原文作「逆さ歌」，指的是將歌曲樂譜和歌詞的順序反轉，從最後一個音符和字從後面反向唱回第一個字。

在花蓮的街上買來花束，是大朵的毛百合還有純白的百合花。我在一陣特別巨大的海浪打上來時，用力地將花束丟進浪中。

潮起潮落，花束在白色的浪花中捲動了一會兒，終於被吸進海中，最後從滿是淚水的眼中消失而去。

站在「花蓮」的海邊，我立刻明白了，對我來說這是人生的了結，是具重要意義的一件事。

那個夏天，年輕的靈魂啊，永遠安息吧……像是祈禱一般的回憶百般交錯，心中浮現著一絲絲激動，一種終於可以告一段落的安心感。被淚水弄糊的水平線遠方，我好像看到那一天他們振翅消逝而去的影子，兩個又或是三個浮現出來，讓我一直站在岸邊無法離去。

後記

「真虧你們光靠互通信件就結得了婚呀。」

我經常被這麼說。

這也是沒辦法的。的確，我對丈夫的認識，只在太平洋戰爭末期，有過些許的交流而已。而且那時候我才十四歲，怎麼說也都還只是個孩子，所以幾乎什麼事情都不知道。

但是我不認為自己在人生的分歧點做出的選擇，有一分一毫的輕率，我相信丈夫應當也是一樣的回答。

在我停筆之前，還有一件讓我至今難忘的壯烈回憶，我想留個記錄。特攻出擊時，許多時候會有「誘導機」伴隨著特攻機一起飛到目的地。誘導機的任務就是確認友軍的戰果，將狀況帶回去報告。

誘導機必須眼看著戰友一個接一個俯衝敵艦，並回到基地報告特攻的戰果。他們會一起出發，但是只有自機能返航。這一點搭乘誘導機的隊員都是打從一開始就明白的，每次起飛，想必都是痛苦萬分的。

在「那張相片」裡面，前排的五個人是以「第一次神威特別攻擊隊」的身分，於昭和二十年（一九四五年）五月二十日出擊。後排的藤井繁幸軍曹，當時就以「誘導機」的身分一起飛往花蓮的基地。

藤井平時就是一位相當文靜的人。

有一次，我去到他們的宿舍時，聽見好像有什麼劈哩啪啦，剪東西的聲音。我心裡想會是什麼呢？偷偷一看，是藤井一個人維持著正坐，在壁龕做著插花。

在那一瞬間，我從藤井的背影感受到一股閃耀的氣息。明明是男人卻有插花的嗜好。這樣的藤井，從我這個小孩子眼中看來，會認為他是個富有教養，很了不起的大人！這時候的藤井，讓我感受到一種彷彿讓人難以接近的氣場。如果是平常的時候，我一定是隨意地跟他搭話說：「藤井，你在插花嗎？」但只有那一次，我一句話都說不出來，只能站在原地，直直看著他的背影而已。

藤井這樣的立場，就算他出擊返航，也不會有人去責難他。因為他被賦予的任務，就是看清戰果，並且回報。

但是這樣的藤井軍曹，再也沒有回來了。

當我知道這件事情的時候，就想起那一天面對著壁龕，藤井伸直了背，正坐著的背影。

接著我突然想到：

藤井該不會從一開始就沒有打算要回來吧。

到現在，我的眼前還會浮現那一天藤井的背影，他的背影向我傳達了他心中的糾葛……還有決心。

戰死者名冊中，只有跟他一起消逝的五架特攻機組員人名的下方，記錄著「藤井繁幸軍曹：誘導」而已。甚至更讓人感到傷痛的是，其實在知覽和平紀念館眾多的遺照中，沒有藤井的相片。

僅管他總是跟其他人一起參與行動、接受特攻訓練，但當時賦予他的任務是「誘導」，也只給了他這個任務而已。

我一直忘不了藤井。他平時話不多，是個我不問話，就會一直保持沉默的人。而他那雙溫柔的眼眸，總是充滿著別有深意的微笑，讓我不得不在意。

那時候，藤井在旅館的宴會廳插著花，他心裡到底想著什麼事情呢？

不過，我想我能說的是，如果是藤井的話，即使是軍部上層給了他返航命令，他也不是會自己一個回來的那種人，我對這點堅信不疑。如果你一定要問：「你當時只是個小孩子，為什麼會如此認為？」我也只能回答：「我就是這麼覺得。」

去年春天，我頓時起了個想法，我從二〇四戰隊的名冊中，試著打電話給藤井的位於山口縣的老家——他的出生地。因為我怎麼樣也不能放著這件事不管。

接電話的人，是相當於藤井姪兒的媳婦。以一個媳婦的立場，而且還是當事人的遠戚，一般來說，即使不想表示太多的關心，也是很正常的。搞不好還會被冷淡地說：「事到如今還講這個，是想做什麼？」。但是那位年輕女性的應對非常打動人心，甚至還對我說：

「我雖然是嫁進藤井家，但從以前就想知道關於繁幸叔叔的事。接到您的電話我非常高興。」這樣的回答讓我感到寬慰，於是我將當時對藤井的回憶、在壁龕插花的身影……告訴了她。

這剛好是東日本大地震過後不久，是三月二十三日發生的事，她聽到我住在千葉就說：

「千葉那邊地震也很嚴重吧。如果有什麼需要的東西請再告訴我唷。」

她溫柔地說。還接著說：

「說到這個，今天是春之彼岸[13]吧。一定是繁幸叔叔將我們拉在一起的吧。」她落寞地說著。

我一陣鼻酸，不禁流下了淚。

藤井能有有一位對他如此尊敬的媳婦，我光是知道這件事，心中就得到了慰藉。在那個十四歲的夏天，與我相遇的人們之中，又有一件積欠著的功課得到解決，這讓我鬆了一口氣。

在未來有限的時間裡，雖然我擔心自己還能夠做到多少，但往後仍是要解開那一個夏天的回憶，將能夠做的一件一件整理起來後再離開人世，這是我的願望。

我不至於說自己「完全不怕死」，不過在度過彼岸之時，我總覺得那一日的年輕人們，會全部出來迎接我說：「呦！台灣產的野丫頭終於來啦！」

在他們眼前，突然出現了一個超過八十歲的老奶奶，愛開玩笑的他們會怎麼說我呢？光是想像就讓人會心一笑。

話說回來，為什麼他們能在相片中露出如此開朗的笑容呢？

我又重新想過了一遍。

那是一段純粹由志同道合的男性，所產生的友情，以及彼此之間的凝聚力。其中更有著「現在正該由我們來解救祖國日本！」的抱負。我想，或許是因為這些信念，根深蒂固地存在於彼此的心中吧。也因為如此，倖存下來的丈夫，才必須忍受如此痛苦的折磨吧。

然而，我還是想在這裡多提一句，無論有什麼樣偉大的理由，又有誰會希望選擇「死亡」呢？

被時代的洪流所擺弄，消逝而去的，那個夏日的年輕人。還有藏在「那張相

---

13 春之彼岸：日本佛教的重要節日之一。以春分當日為基準的前後各三天，為期共七天進行掃墓或祭拜祖先的祭祀活動。同時，也是家人團聚的時刻，以表達對祖先的敬意和感激之情。

片」深處的「身為人的傷痕與哀傷」。這些事不會留下文獻記錄，多半也沒有人會提及，最後只能葬送在時間洪流之中吧。

另一方面，也有像我丈夫這樣，因為倖存下來而痛苦一生的人。他心中對於代替自己而死的戰友，對笠原抱持的虧欠，不是輕易就能消抹的。

不過關於特攻出擊人員的選拔事宜，我從丈夫那裡只聽到了隻字片語，那些是否為事實？還是單純只是丈夫一廂情願地想法？很長一段時間，我對此曾是半信半疑。

直到我意外看見織田少尉寫在筆記本上的遺書，才知道這果然是事實，這帶給了我很大的衝擊！在丈夫死後第十年、戰後六十多年，我才第一次得到能夠確信的事實真相。

在這之前，我有時會對那個活著每一天都被過去綁住的丈夫心懷不滿，我也不否認，在諸事不順時，我曾在內心某處罵著「沒擔當的傢伙、娘娘腔的傢伙」，像這樣子責備他。如今，我想到丈夫在那一張相片前垂頭喪氣，過去一個人晚上喝著酒的背影，再怎麼後悔也無濟於事。即使現在再度回想起來，我心中仍是感到極為痛苦。

身為最後的說書人，雖然我還有許多故事尚未說完，總之我想在此劃下句點。這是一段由普通百姓的老太婆所寫下的，人們在戰爭這種緊急狀態下所過的人生，是一段十四歲的女孩，才能看到的許許多多世道變遷。

我手邊沒有什麼像樣的資料，只憑著丈夫留下來的二〇四戰隊戰友會誌之類的些許記錄，就寫到了這裡。不過終究我已是年過八十的老太太。我想也會有些我記錯的部分。但是無論如何，我想傳達給讀者的訊息是：「戰爭的愚蠢」「如此悲傷的事不能再重複第二次！」如此強烈的想法。如果不同世代的人們能夠體認到這點，對我來說就是天外飛來的幸運了。

中田芳子這個人，總有一天會從這個世界上消失，我描述了自己至今人生中的各種相遇以及離別。人或許因為重複著相遇以及悲傷的離別，自身的年輪才會越來越厚實的吧。

那麼，雖然是題外話，我想寫下從台灣遣返時，因為幫我搬運行李而有幾次互相寫信的那位K先生的後話。

前年，我出版回文書籍之後不久，我從網路上得知K先生現在還在和歌山縣當牙醫，於是寫了信，並贈予他一本書。

我沒有想到能得到他的回信。他立刻打電話給我，我們睽違六十五年實現了聲音之重逢。那時的大學生K先生，現在八十歲後半了。

「醫生，您還記得我嗎？」

「當然，你是個眼睛炯炯有神且留著西瓜頭髮型的可愛女學生。」

時光一口氣倒流，我們聊了一陣子。放下話筒後，那彷彿是一個完整故事，一種清新且不可思議的感覺留在我的心中。

另外，由BS日本所製作的記錄片節目《無論如何也要傳達的一張相片》，於二〇一〇年八月十四日的終戰紀念日前一晚，在全國播出。播出之後，因為觀眾們的好評，重播了四次，總共播出了五次。我幫忙完成了一部帶有分量的優質節目。

我想，那個夏天的年輕人們，想必也會很高興吧。

現在，我已經將六十五年前那些日子發生的事全部說完，終於可以從長年沉積在心中的枷鎖解放出來，我現在的心情，就好像整理終於告一個段落，能夠沉浸在如重釋負般的平靜之中。

這本書，我想作為「安魂之書」，獻給包含丈夫在內，那個夏天的年輕人們。

在我執筆時，日本電視AX-ON的高野隆一先生（現為NOTTV編輯統合部節目（企劃經理）、日本電視ＡＸ－ＯＮ的佐藤悌先生，尤其是Field Y的吉田隆先生，都教了我許多，也給了我許多意見，在這裡我衷心致上深深的謝意。

中文版獨家珍藏相片

日治時期東門（現景福門）。

日治時期總督府（現總統府）。

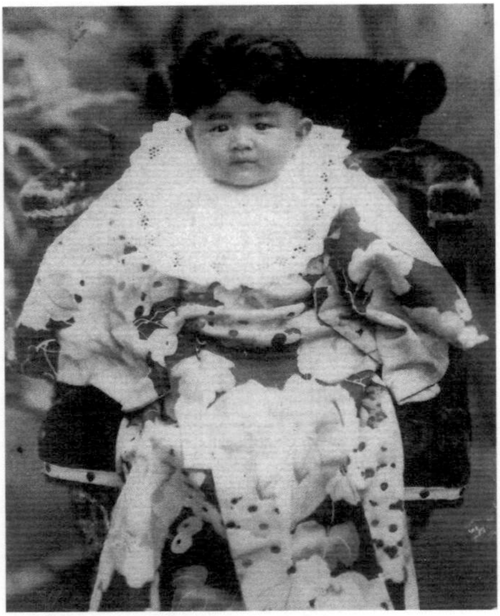

中田芳子出生百日紀念照。

1930 年位於中田一家於大正町三條通（現中山北路一段 53 巷及林森北路 67 巷）的舊家門前的合影。中田芳子於隔年出生。

中田芳子父親（後排右起第三人）參加台灣神社祭典時的留影。

1940 年左右拍攝的全家福紀念照。

1910～1930 年代位於大正町的德丸理髮館，距離三條通住家附近。
相片中坐者為中田芳子父母親、中田芳子的兄姐，站立者為理髮店的師傅。
據中田芳子表示，該店為承租店面。

1910～1930 年代位於大正町的德丸理髮館全景，此為兩層木造建築。左側為英文看板，在當時相當顯眼。電話號碼 2963，日文發音近似「福祿先生」，聽起來頗是吉利。

1940 年代，中田芳子（小學五年級，前列左二坐者）與家人在德丸理髮店騎樓合影。
後方玻璃門貼滿膠帶固定是為了防止空襲時免於炸彈衝擊而破裂。德丸理髮店為三層樓的鋼筋水泥建築，於 1938 年落成。該建物現仍留存，地址為中山北路一段 55 號。

1951 ～ 1952 年左右的德丸理髮店，右後方招牌上著寫「理容館德丸」。
中田芳子一家遣返日本後，回到父親位於鹿兒縣的老家生活。店鋪由農家倉庫改建而成，店鋪後方為住家。比起台灣時期的店鋪相當簡陋狹小，來客數也減少許多。

國家圖書館出版品預行編目資料

芳子的十四歲夏天：我與神風特攻隊在台灣的日子／中田芳子著；陳怡如譯. -- 初版. -- 臺北市：商周出版：英屬蓋曼群島商家庭傳媒股份有限公司城邦分公司發行，2024.11

面；　公分. --（生活視野；45）

譯自：十四歳の夏

ISBN　978-626-390-214-5（平裝）

1. CST：中田芳子　2.CST：傳記

783.18　　113009805

芳子的十四歲夏天：我與神風特攻隊在台灣的日子

十四歳の夏

作　　者／中田芳子
譯　　者／陳怡如
責任編輯／王拂嫣

版　　權／吳亭儀、江欣瑜
行銷業務／林秀津、周佑潔、林詩富、吳淑華
總 編 輯／程鳳儀
總 經 理／彭之琬
事業群總經理／黃淑貞
發 行 人／何飛鵬
法律顧問／元禾法律事務所　王子文律師
出　　版／商周出版
城邦文化事業股份有限公司
台北市南港區昆陽街 16 號 4 樓
電話：(02) 2500-7008　傳真：(02) 2500-77598
E-mail：bwp.service@cite.com.tw
發　　行／英屬蓋曼群島商家庭傳媒股份有限公司城邦分公司
聯絡地址／台北市南港區昆陽街 16 號 5 樓
書虫客服服務專線：(02) 25007718・(02) 25007719
服務時間：週一至週五上午 09:30-12:00；下午 13:30-17:00
24 小時傳真專線：(02) 25001990・(02) 25001991
服務時間：週一至週五 09:30-12:00・13:30-17:00
劃撥帳號：19863813；戶名：書虫股份有限公司
讀者服務信箱 E-mail：service@readingclub.com.tw
城邦讀書花園 www.cite.com.tw
香港發行所／城邦（香港）出版集團有限公司
香港九龍土瓜灣土瓜灣道 86 號順聯工業大廈 6 樓 A 室
電話：(852)2508-6231　傳真：(852)2578-9337
Email：hkcite@biznetvigator.com
馬新發行所／城邦（馬新）出版集團【Cite (M) Sdn. Bhd.】
41, Jalan Radin Anum, Bandar Baru Sri Petaling,
57000 Kuala Lumpur, Malaysia
電話：(603) 90563833　傳真：(603) 90576622
Email：services@cite.my

封面設計／徐璽設計工作室
電腦排版／唯翔工作室
印　　刷／韋懋實業有限公司
經 銷 商／聯合發行股份有限公司　電話：(02) 2917-8022　傳真：(02) 2911-0053
地址：新北市新店區寶橋路 235 巷 6 弄 6 號 2 樓

■ 2024 年 11 月 14 日

Printed in Taiwan

城邦讀書花園
www.cite.com.tw

定價／ 450 元

ISBN：978-626-390-214-5